CW01647959

Le Code de la propriété intellectuelle n'autorisant, aux termes des paragraphes 2 et 3 de l'article L.122-5, d'une part, que les «copies ou reproductions strictement réservées à l'usage privé du copiste et non destinées à une utilisation collective» et, d'autre part, sous réserve du nom de l'auteur et de la source, que les «analyses et les courtes citations justifiées par le caractère critique, polémique, pédagogique, scientifique ou d'information», toute représentation ou reproduction intégrale ou partielle, faite sans le consentement de l'auteur ou de ses ayants droit ou ayants cause, est illicite (article L.122-4). Cette représentation ou reproduction, par quelque procédé que ce soit, constituerait donc une contrefaçon sanctionnée par les articles L.335-2 et suivants du Code de la propriété intellectuelle.

Editeur : Thierry Falivene
avec la collaboration de Romain Garnier.
Mise en page : Thomas Espinosa
© Elytel éditions, Paris, 2014.
ISBN 978-2-917182-09-3

# Avant que ma voix ne s'éteigne

Du même auteur

*Oradour-sur-Glane, le drame heure par heure*
1992, Editions CMD, Saumur

ROBERT HÉBRAS
avec Laurent Borderie

# Avant que ma voix ne s'éteigne

*Elytel éditions*

À ma maman,
à mes deux soeurs Georgette et Denise
toutes trois disparues dans l'église
d'Oradour-sur-Glane le 10 juin 1944

À mon père

Pour mon épouse

Pour mon fils Richard et mes trois petits enfants
Delphine, Thibaut et Agathe

*« Ceux qui ne peuvent se rappeler*
*le passé sont condamnés à le répéter. »*

George Santayana
*La vie de la raison*

« Pourquoi encore un livre sur Oradour : tout n'a-t-il pas déjà été écrit sur le sujet ? » – voici ce qu'il me fut souvent donné d'entendre lorsque j'annonçais que je souhaitais recueillir les propos et un peu de la vie de Robert Hébras. Au début de cette entreprise, je ne savais pas toujours que répondre. Peu à peu, pourtant, au fil de mes rencontres avec lui j'ai compris qu'il était nécessaire de l'écrire, pour permettre ainsi à sa parole de rester gravée à jamais dans le marbre du souvenir.

Depuis toutes ces années que je connais Robert ainsi que sa famille, j'ai toujours pensé qu'il devait raconter son histoire, la rendre publique, permettre aux générations futures de comprendre comment un homme aux origines modestes peut devenir une grande voix. Lorsqu'il n'est pas dans le village pour animer une visite avec une classe de jeunes Français ou Allemands, il parle assez peu du drame dans lequel sa mère et deux de ses sœurs ont perdu la vie. Il n'aime peut-être pas être mis en avant mais s'il s'agit de servir la cause qu'il défend depuis plus d'un demi-siècle, il n'hésite pas à être présent, à s'affirmer, à dire...

J'ai été frappé lorsque Robert a été condamné par la justice française pour n'avoir pas su – dans un précédent recueil de mémoires – départager les SS allemands, les Malgré-Nous enrôlés de force et les Alsaciens engagés volontaires dans la Waffen-SS. Il faut dire qu'il n'avait pas pu les distinguer alors, durant les quelques heures qu'avait duré le massacre. Comment peut-on le lui reprocher ? La même semaine, il recevait l'ordre national du mérite allemand – l'une des plus hautes distinctions décernée dans ce pays – et qui couronnait l'engagement pour la paix dont il a fait preuve toute sa vie sans relâche des deux côtés du Rhin. Comment la justice de notre pays a-t-elle pu le condamner ?

Mon ami a très mal vécu cette condamnation et a bienheureusement été lavé de celle-ci, ce combat l'a affecté au plus haut point.

Robert Hébras est un jeune homme simple, que le hasard de son destin a projeté sur le devant de la scène. Meurtri dans sa propre chair, il s'est toujours gardé de haïr, et a cultivé le dialogue, semant des paroles de paix, ainsi que des rêves d'avenir dans cette commune maison qu'est devenue l'Europe. Rien ne le destinait à devenir un tel homme, mais, le 10 juin 1944, sa vie a été bouleversée, et il a fait le choix du bien, prenant le parti de l'humain. Ces dernières paroles étaient nécessaires, elles viennent de très loin, et répondent à un chemin de vie qui est l'égal de celui des grands sages.

Je n'oublierai jamais cette magnifique image du 4 septembre 2013 lorsque les deux présidents français et allemand sont venus visiter de concert le village martyr d'Oradour. Ils ont été guidés par Robert dans ce qui était jadis les rues d'un bourg plein de vie, et aujourd'hui un village fantôme, mais toujours habité par le souvenir des 642 victimes innocentes qui y furent massacrées pour rien. Digne, ému, Robert leur a parlé de ses amis, de sa mère et de ses sœurs qui ont péri dans les flammes à l'intérieur de l'église.

Comment oublier cette image exceptionnelle des trois hommes se tenant serrés les uns contre les autres, dans le chœur de l'église désormais battu par le vent et l'orage ? Et qui pourrait oublier les mots de Joachim Gauk, venu à Oradour-sur-Glane au nom de la nation allemande toute entière ? L'homme était manifestement saisi d'une émotion immense : il révélera qu'il avait déjà visité d'autres lieux de terreur dévastés par les *nazis*, et ne pouvait imaginer que leur barbarie, en France, avait pu annihiler tout un village.

Parlant de l'Europe et de sa création, il déclara qu'elle « ne fleurirait que si elle était assise sur la liberté, la dignité de l'homme, la justice et la solidarité ». Ces valeurs, Robert les incarne toutes à la fois et, s'il n'est pas de ceux qui ont laissé leurs noms sur les plaques des rues, des boulevards et des places de villes et villages, sa mémoire et son combat sont désormais universels. La vie était paisible en 1944, à Oradour-sur-Glane. Ce petit village limousin semblait vivre la guerre de loin.

Malgré les difficultés quotidiennes engendrées par l'occupation allemande, ces habitants réussissaient quelquefois à oublier cette terrible guerre qui avait bouleversé l'existence de nombreux Français. Depuis 1941, les habitants de Charly en Moselle s'y étaient installés. Chassés par l'occupant allemand, ils y avaient trouvé refuge et avaient reçu un accueil chaleureux qui leur faisait oublier la nostalgie du déracinement.

Personne ne connaissait la date de la fin de la guerre, et tout le monde l'attendait pourtant avec impatience, espérant des jours meilleurs. La totalité de la France était occupée depuis la fin de l'année 1942 en représailles au débarquement des forces alliées en Afrique du Nord. Le débarquement du 6 juin 1944 avait été vécu comme un moment d'espoir dans tout le pays. Il avait aussi échauffé les troupes allemandes qui devaient rallier les plages normandes pour essayer de riposter à l'avancée des forces alliées. Installée dans le sud de la France, la division SS Das Reich remonte vers le nord et a pour mission de mater la farouche résistance du Limousin. Elle réussira à semer la terreur sur son passage. Le 8 juin, alors que les maquisards corréziens ont fait tomber la Werhmacht dans une embuscade, la division réussit à reprendre la ville de Tulle. Elle sacrifie quatre-vingt-dix-neuf civils qui seront pendus aux lampadaires de la ville et déporte cent-trente-neuf personnes.

Le lendemain, la troupe fait mouvement vers Oradour-sur-Glane. La décision d'anéantir un village est désormais acquise. L'objectif est de semer la terreur dans l'ensemble de la population afin qu'elle ne soutienne plus les forces de résistance – très actives dans la région. Le matin du 10 juin, à Saint-Junien, une petite ville de dix-mille habitants située à une quinzaine de kilomètres d'Oradour, une réunion permet aux Waffen-SS et aux officiers de la police allemande de Limoges de définir leur plan d'action. Le village d'Oradour-sur-Glane ne possède aucun foyer de résistance, il sera facile de mettre en place un plan d'extermination. À quatorze heures, Oradour est cerné. 642 hommes, femmes et enfants seront tués durant l'après midi et le village intégralement incendié. Au total, les Waffen-SS auront massacré 240 femmes, 205 enfants et 197 hommes.

Oradour-sur-Glane était un si beau village. Combien de fois ai-je entendu Robert Hébras prononcer cette phrase ? À chaque fois, il ne me parlait jamais de celui qui a été reconstruit à côté du premier, totalement en ruines. Non, il me parlait de ces ruines justement, de ces débris de maisons, de ce village abandonné depuis le 10 juin 1944. Je marchais à ses côtés, il guidait une fois de plus une visite, accompagnait un groupe d'enfants venus de très loin ou des communes alentour, et il répétait encore et encore les mêmes phrases, l'émotion toujours intacte, la gorge nouée : « Lorsque je me promène ici, lorsque je m'assois là, sur ce qui était une petite place, je ne vois pas le même paysage que vous. Je vois un village intact, celui que j'ai connu, jusqu'au jour où les SS sont arrivés. Un village gai, vivant. Je sens encore les odeurs qui ont baigné mon enfance, celles de la boulangerie, de la brillantine chez les coiffeurs pour messieurs, du cambouis chez les garagistes.

Non, je ne vois pas les mêmes choses que vous et ce que je vois, j'ai toujours envie de vous le raconter. Oui, Oradour était un si beau village, jusqu'à ce 10 juin 1944. » Robert n'utilise jamais les mêmes mots, il n'a appris aucun texte. Chaque fois il improvise, mais il veut toujours donner un sens, le même, aux visites qu'il guide avec passion. Il n'a pas envie que les enfants remontent dans le car qui les ramènera chez eux identiques à ce qu'ils étaient lorsqu'ils sont arrivés.

Aujourd'hui, il conduit moins de visites : il n'est plus le jeune homme solide qui a survécu au massacre de l'une des granges incendiées par les Waffen-SS. Survivant de la tragédie, il est entré dans la résistance, la rage au ventre. Et puis il a mené sa vie d'homme, sans jamais pouvoir vivre comme les autres. Près de 70 ans plus tard, Robert n'a rien oublié. L'émotion est toujours la même lorsqu'il évoque cette terrible journée. Et souvent, elle le submerge.

Il le sait, les témoignages sont uniques, et ils sont indispensables pour écrire l'Histoire. Leur relief, l'émotion qu'ils portent permettent de mieux saisir toute l'horreur de ce samedi 10 juin 1944. C'est pour cette raison qu'inlassablement, il répète ses faits et gestes lorsque les hommes de la division Das Reich ont investi son village et en ont massacré tous les habitants.

En juillet 2006, alors que j'accompagnais Mary Eisenhower, la petite fille de Dwight Eisenhower, président américain de 1952 à 1960 et héros de la deuxième guerre mondiale, dans les ruines du village, elle s'est mise à pleurer : « Ici, je mesure la force des mots de mon grand-père lorsqu'il nous racontait ses visions d'horreur quand il a participé à la libération des camps de concentration. Je conserve en mémoire des cauchemars épouvantables lorsque j'étais petite fille. L'ignominie de la seconde guerre mondiale me terrifiait. Lorsque je marche dans les rues du village martyr d'Oradour-sur-Glane, j'ai l'impression de redevenir cette petite fille qui pleurait lorsque mon grand père se souvenait, avec effroi, des spectacles qu'il avait découverts. » On ne peut pas comparer Oradour avec un camp d'extermination parce qu'il n'est pas possible d'établir une échelle de l'horreur de la guerre.

Nous sommes des enfants lorsque nous empruntons les rues d'Oradour-sur-Glane, et c'est à eux, le plus souvent, à toutes ces victimes innocentes tombées dans l'église du village, que les visiteurs s'identifient. C'est aux enfants d'aujourd'hui que ce livre s'adresse, à ceux qui découvrent l'horreur, et qui ne supporteront jamais la banalisation du crime. Robert Hébras le dit : « Le 10 juin 44, je suis devenu un homme. » À quel prix !

Par mon métier de journaliste de presse régionale, j'ai maintes fois rencontré Robert Hébras, pour revenir régulièrement sur l'actualité toujours brûlante d'Oradour. Les cérémonies du souvenir, tous les 10 juin, l'enquête poursuivie par les autorités allemandes concernant les responsables du massacre, et l'inculpation de certains qui ont aujourd'hui plus de 90 ans et clament leur innocence, sa condamnation en 2012 par le tribunal de Colmar, puis la décoration décernée, presque au même moment, par l'ambassadeur d'Allemagne qui entendait signaler son engagement pour la paix. Ou bien encore, le 4 septembre 2013, avec la visite des présidents allemand et français, qui ont tous deux été accompagnés par Robert dans les ruines. À chaque fois, j'écrivais des articles le concernant.

Tous ces événements m'ont permis de nouer des relations uniques avec Robert et de lui proposer de relater son témoignage – celui qu'il aurait certainement aimé écrire plus tôt, mais auquel le poids des ans confère une portée universelle, que la fougue de sa jeunesse lui eût sans doute alors refusée.

© Robert Hébras, collection personnelle.

## « C'était mon village »

*Robert qui étais-tu avant le 10 juin 1944 ?*

J'ai l'habitude de dire depuis ce drame que, jusqu'au 10 juin, j'étais un grand gamin et que, le soir, je suis devenu un homme. Je suis né à Oradour-sur-Glane le 29 juin 1925. C'était un gros bourg, très dynamique, très attractif pour ses commerces et son artisanat.

Mes parents étaient originaires de la Vienne, mon père était électricien. Il était chef d'équipe et travaillait pour la compagnie du tramway. Mes parents sont arrivés à Oradour en avril 1925 et ont repris le logement de celui qu'ils remplaçaient. Je suis né là. Par la suite, nous avons déménagé deux fois. J'étais un peu privilégié :

ils ne travaillaient pas la terre. Le jeudi, contrairement aux enfants de paysans, je pouvais m'amuser. Quelquefois, mon père me demandait de l'aider au jardin. Je faisais les corvées de bois avec lui. Mais j'avais de la chance, je n'avais pas de travaux agricoles à faire en rentrant de l'école.

Je suis allé à l'école jusqu'à 14 ans. Je l'ai quittée avec mon certificat d'études que j'ai passé à Saint-Junien en 1939. Le certificat d'études était important à l'époque. Il nous permettait de poursuivre nos études ou d'entrer sans grande difficulté dans la vie active.

Je me souviens surtout que tous les lauréats avaient droit à une récompense. Cette année là nous avons eu la chance de partir passer une journée à Arcachon et de visiter les dunes du Pilat.

Jusque là, je n'avais jamais pris le train : autant dire que pour nous c'était formidable. C'était la première fois que nous prenions le train pour aller à la mer.

La dernière certainement pour un grand nombre d'entre nous.

*Tu étais un enfant, un adolescent heureux ?*

J'ai vécu dans une famille d'ouvriers modestes, composée de quatre enfants. J'étais le seul garçon de la famille entouré de deux grandes sœurs et une plus petite.

Ma sœur aînée n'habitait pas avec nous : elle était mariée et vivait dans un petit village, à quelques kilomètres de chez nous. Je me souviens avoir vécu comme un enfant gâté, très aimé.

Être gâté n'a rien à voir avec ce que l'on peut penser aujourd'hui, ce que je veux dire c'est que même si nous n'étions pas riches, loin de là, nous ne manquions pas de l'essentiel et ça c'était déjà important pour l'époque.

J'étais un petit garçon de mon temps. Bien sûr, j'ai fait quelques bêtises mais rien de bien grave.

Je me souviens du coiffeur qui avait un grand jardin en haut du village, il vendait des légumes. L'été, on lui dérobait parfois quelques fraises : c'étaient ça nos plus grosses bêtises.

*Lorsque tu parles d'Oradour, tu évoques un village radieux, attractif, prospère.*

Et c'était le cas. Il y avait beaucoup de commerçants. Beaucoup de gens venaient depuis les villages alentours et de plus loin pour y faire leurs courses.

La ligne de tramway qui reliait Limoges à Saint-Junien a été inaugurée en 1911. Elle faisait trois allers-retours par jour, et elle a largement participé à l'attractivité d'Oradour-sur-Glane. On peut encore voir les restes de cette ligne qui traverse le village martyr. Ailleurs, les rails ont été enlevés : ici, ils sont restés. Cette ligne a permis aux gens de voyager plus facilement dès sa création, au début du XX^e^ siècle. Le week-end, de nombreux Limougeauds venaient passer la journée sur les bords de la Glane, c'était très agréable. Durant la guerre, bien sûr, c'était un peu moins fréquenté mais les gens continuaient à vivre.

*Quels sont tes souvenirs, comment était la vie à*

*Oradour-sur-Glane ?*

C'était un village très actif. Il y avait des boulangers, des pâtissiers, des épiceries : rien ne manquait. Il y avait quatre écoles pendant la guerre. L'école des garçons, l'école des filles, l'école maternelle mixte et enfin, l'école des Mosellans. À la fin de l'année 1940, lorsque les Mosellans ont été expulsés à l'intérieur du pays par les Allemands, Oradour-sur-Glane a reçu les habitants du petit village de Charly situé à dix kilomètres de Metz. Ils sont arrivés avec leur instituteur, leur prêtre, et leur maire, qui leur a aménagé une école dans le bourg. Quarante quatre d'entre-eux sont morts le 10 juin.

Oradour était un village normal, dans lequel les gens avaient leurs amitiés. Un village dans lequel on connaissait tout le monde ; il y avait des petites rivalités commerçantes, qui animaient les chroniques de la communauté. Chacun avait ses idées politiques. Les gens de gauche et de droite étaient tous bien assis sur leurs idées. Il y avait aussi des rivalités un peu étranges. Par exemple, je me souviens qu'il existait deux sociétés de musique, une d'instruments à vent et une autre avec mandoline et banjo essentiellement fréquentée par des filles. Les présidents de ces deux ensembles ne s'entendaient pas et nourrissaient quelques rancœurs. Nous, ça nous faisait bien rigoler. À partir de 1942, un club de football a été créé. Les jeunes ne savaient pas vraiment trop quoi faire en ces temps de guerre. Nous avons créé ce club avec le docteur Jacques Désourteaux qui était le fils du maire : l'Union Sportive d'Oradour. Je jouais demi. On disputait des matchs entre villages.

Il y avait aussi les fêtes foraines. La première avait lieu au printemps près de l'église, sur une place qu'on appelait la place aux cochons parce que durant les foires cet endroit leur était réservé alors que les bovins étaient sur la grande place. Cette fête était organisée par les forains. L'autre avait lieu le dernier dimanche d'août, sur la place principale. En août 1939, la fête n'a pas eu lieu, il y a eu la déclaration de guerre, les forains étaient là, ils sont restés pratiquement deux ans stationnés sur le champ de foire à ne pas savoir quoi faire. Ils sont repartis en 1942 lorsqu'après le débarquement en Algérie, la France a été entièrement occupée.

*Lorsque tu animes des visites des ruines, tu parles toujours des bruits et des odeurs que tu ressens encore.*

J'ai vécu à Oradour durant 19 ans. Quand je marche dans les rues, j'entends les cloches de l'église et l'enclume du forgeron qui ferrait les vaches et nos galoches, des chaussures à semelles de bois, il réparait aussi les charrues. J'entends encore le marchand de vin qui lavait ses fûts avec une chaîne : j'habitais en face de son chais, ce bruit me réveillait le matin. On se promenait dans la rue, les paysans traversaient le village avec leurs charrettes tirées par des vaches.

À l'automne, le tram arrivait avec des chargements de chaux et repartait souvent chargé de produits agricoles. Il était composé d'un wagon de voyageurs et d'un ou deux de marchandises. À Oradour, il y avait des cochons, des clapiers, des poulaillers ; nous étions dans un gros bourg et nous vivions constamment au contact de la nature.

*Après ton Certificat d'études primaires as-tu cherché du travail ?*

Je voulais être pâtissier. Celui du village m'avait assuré qu'il me prendrait comme apprenti. Mais la guerre est arrivée et l'artisan ne pouvait plus m'embaucher : on ne mange pas de gâteaux pendant la guerre. Je suis resté quelque temps sans rien faire, le boulanger était mobilisé sur Limoges et rentrait le soir en voiture. Pendant une semaine j'ai travaillé pour lui. On embauchait le matin à quatre heures et on débauchait le soir à sept heures, il fallait casser le bois pour le four. Au bout d'une semaine, j'étais recru de fatigue. J'étais un freluquet, je pesais tout juste quarante kilos. Après, le notaire du village s'est occupé de moi : j'ai essayé de taper à la machine.

Mais je m'ennuyais. Alors, je suis allé chez le garagiste. Il avait six enfants et je m'occupais des bambins au lieu d'apprendre le métier. Je suis rentré le 2 janvier 1940 à son service avec seulement le dimanche après midi comme jour de congé. Mais j'étais nourri et, en période de guerre, c'était important. Vers le mois de septembre, mon père a rencontré un ami qui travaillait à Limoges dans un garage. Je pouvais y aller parce que mon père travaillait au tram et à ce titre je bénéficiais du transport gratuit. On équipait les camions avec le système gazogène.

Après 1942, comme les Allemands avaient envahi l'ensemble du territoire, nous étions obligés de travailler pour eux. Nous devions remettre en état les véhicules qu'ils avaient réquisitionnés. Nous en réparions les moteurs. Je pense qu'ils étaient ensuite envoyées sur le front de l'Est.

Je n'aimais pas la guerre, ni les Allemands, mais je ne les connaissais pas : je n'en ai vu qu'en 1942, lorsque la zone libre dans laquelle nous vivions a été occupée. Mon salaire me payait tout juste le repas de midi. Je travaillais six jours sur sept, j'apprenais un métier, j'étais bien entouré, et mon travail me plaisait. C'était la guerre : nous étions tous dans la gêne, on entendait dire qu'il y avait des gens bien plus malheureux que nous. Nous tentions alors de vivre au mieux avec ce que nous avions.

*La guerre, comment l'as-tu vécue ?*

Comme beaucoup de Français de cette époque, je l'ai vécue de loin. Nous l'avons tous subie et nous avons essayé de vivre le plus normalement possible malgré tous les problèmes inévitables. Je me souviens que des Alsaciens sont arrivés en octobre 1939. La guerre de 14-18 était dans les mémoires et ils ont été mis à l'abri avant de repartir vers la fin juillet 1940, après l'armistice. Je me rappelle que la cohabitation ne s'est pas très bien passée. Ils parlaient leur dialecte, et nous considérions sottement qu'ils parlaient allemand. Alors, on ne se fréquentait guère.

Ils vivaient mieux que nous en Alsace et il est vrai qu'ils n'étaient pas très bien logés dans nos régions. Aussi regrettaient-ils d'être là dans des conditions assez mauvaises. Ils arrivaient dans des zones rurales très reculées et dans lesquelles le progrès en de nombreux domaines n'était pas encore présent, alors que l'Alsace était déjà très développée. Ce qui avait choqué la population, c'est qu'ils repartirent en chantant. Nous croyions qu'ils chantaient parce que la guerre était perdue pour les Français. En fait ils chantaient parce que – quoi qu'il arrive – on est toujours content de rentrer chez soi. Nous ne le comprenions pas. Durant cette période, je me rappelle que le café et le sucre nous faisaient défaut ainsi que le beurre : tout se faisait au saindoux dans notre région, et il ne nous faisait point défaut.

La viande, nous n'en avions pas tous les jours avant guerre : nous étions déjà dans la survie. Je me souviens que l'on mangeait de la morue le vendredi : c'était le poisson des pauvres. Et puis, il y avait les haricots, les pommes de terre, les macaronis, les pois cassés et les lentilles «aux cailloux». La guerre a vraiment pris effet quand les Allemands sont entrés en zone libre. Moi, j'étais un gamin, je n'ai jamais entendu parler des maquisards, la célèbre résistance limousine qui s'est tant illustrée. Le mot maquis existait, celui de résistance nous était inconnu. Les Allemands sont passés dans la nuit du 11 au 12 novembre 1942 dans le village. Quelques camions l'ont traversé, mais je n'ai rien vu. J'avais quatorze ans en 1939, dix-neuf en 1944 et j'étais impatient de retrouver notre vie d'avant.

*À part le football, les jeunes avaient-ils quelques loisirs, se retrouvaient-ils quelquefois ?*

On fréquentait les bals clandestins dans les granges ; il y avait juste un harmonica : c'était une rencontre entre jeunes. Les garçons de mon âge commençaient à s'intéresser un peu aux filles. Nous nous prenions à songer à l'avenir. Nous avions du mal à concevoir l'après-guerre :

personne n'en connaissait la date, mais on voulait croire qu'à la fin, les Allemands s'en iraient. On vivait dans l'espérance de jours meilleurs. La réalité nous tombait dessus brutalement, jusque dans d'humbles détails. Je me souviens avoir eu un pantalon trop grand avant la guerre que j'ai conservé jusqu'à la fin 1944. Il était devenu vraiment trop petit. J'avais aussi un costume avec un pantalon de golf que je portais uniquement le dimanche. Je me souviens que nous étions dans une forme d'impatience. Qu'attendions-nous vraiment ?

*Avec la guerre, tu disais qu'une nouvelle population s'est installée aussi à Oradour.*

Tous les Alsaciens ne sont pas partis. Quatre ou cinq familles sont restées et se sont adaptées. Les Mosellans sont arrivés en octobre 40, trois ou quatre mois après l'armistice. Ils étaient expulsés par les Allemands qui occupaient leur région. Charly était un petit village avec des fermes. Quand ses habitants sont arrivés, ils n'avaient pas grand-chose. Ils se sont intégrés dans la population. Ils vivaient dans le bourg et dans les hameaux alentours. Ils étaient très proches de nous : ils n'avaient plus rien et nous n'avions pas grand-chose. Ils étaient aussi malheureux que nous. Alors nous avons partagé notre petite misère. Je connaissais aussi une famille de réfugiés juifs. Ils étaient tanneurs à Bayonne. Leur tannerie avait été confisquée et ils furent expulsés de la zone qui longeait la côte atlantique, que les Allemands occupèrent dès l'Armistice. Ils connaissaient d'autres mégissiers dans la région. C'est sur leurs conseils qu'ils sont venus ici, et y ont trouvé un logement en attendant de s'installer à Saint-Junien. Ils se sont tellement plus chez nous qu'ils ont décidé d'y rester.

L'endroit était tranquille mais ils étaient inquiets à cause du statut des Juifs instauré par Vichy. Il y avait les parents, une grand-mère et trois enfants, deux filles et un garçon. Les filles n'habitaient pas avec leurs parents, je pense qu'ils avaient décidé de se séparer pour éviter d'être tous arrêtés s'il y avait eu une rafle anti-juive. Ce n'est qu'après la guerre que j'ai compris leurs raisons. La vie de l'époque, la morale de l'époque étaient différentes de celles d'aujourd'hui. On disait des choses qui n'avaient pas alors la même importance. Quand on parlait de cette famille, on disait «les Juifs» sans la moindre pudeur, et pourtant jamais ils n'ont été inquiétés dans le village. À Oradour, il n'y a jamais eu de lettres anonymes. Des recherches historiques ont été réalisées depuis : elles attestent que personne n'a jamais été dénoncé.

*Le maire a changé dès que le régime de Vichy s'est installé après l'armistice de 1940 ?*

Si tu savais combien cela a alimenté les chroniques ! La mairie a été tenue entre les deux guerres par deux maires successifs. Il y avait Paul Désourteaux, qui était médecin, issu de la droite républicaine, et un socialiste, Joseph Beau. Il était sabotier, né à Vaulry, dans une petite commune près d'Oradour. Il avait acheté une épicerie dans le village après la première guerre mondiale et c'était l'opposant direct de monsieur Désourteaux. Ils se succédaient au titre de premier magistrat de la commune et bien sûr, ils ne s'aimaient pas. Aussi, quand la fille de l'épicier et le fils du médecin ont commencé à se fréquenter assidûment puis se sont mariés sans le consentement de Paul Désourteaux – ce dernier ne voulait pas en entendre parler. Ils sont tous morts le même jour sans s'être réconciliés. André le petit fils du maire, absent du village le jour du drame, a échappé au massacre.

En 1939 monsieur Beau était maire. Il a été démis par le gouvernement de Vichy parce qu'il était affiché comme socialiste et Paul Désourteaux, le médecin, a été nommé président de la délégation spéciale. Il fut nommé parce qu'il n'était pas de gauche, sans que ce fût un homme aux ordres de Vichy. Il fut obligé d'accepter cette nomination. Il n'avait pas vraiment le choix, et il s'efforçat toujours d'être au service de la population comme il l'avait été quelques années auparavant lorsqu'il était un maire élu de plein droit.

*Te souviens-tu de la date du 6 juin 1944 lorsque les Alliés ont débarqué en Normandie ?*

J'ai appris cet évènement au garage dans lequel je travaillais. Nous étions dans le vestiaire pour nous changer. Des collègues qui étaient certainement proches de la résistance parlaient d'un débarquement qui avait eu lieu. Je me disais : « La guerre est finie, les Allemands vont partir ». À la maison, mon père en parlait : tout le monde pensait que c'était enfin terminé. J'attendais des jours meilleurs, j'étais naïf et impatient, mais je me souviens très bien d'un évènement qui montre ma méconnaissance de l'époque dans laquelle je vivais.

Comme nous montions des gazogènes au travail nous avions besoin de charbon, j'allais en chercher à Nexon où il y avait un camp de transit pour les camps de concentration, il y avait des étrangers, des Juifs, des communistes… J'y suis allé deux ou trois fois, et un jour en passant, le chauffeur a dit : « Ce sont des bandits qui sont là. » J'ai écouté sans rien dire, sans savoir qu'en fait, il s'agissait d'innocents. J'ai vécu toute la guerre comme ça. Et je suis bien convaincu que la plupart des gens d'Oradour l'ont vécue comme moi. C'est pour cette raison qu'ils sont presque tous venus au rassemblement exigé par les Allemands le 10 juin 1944, sans la moindre peur. Que pouvions-nous craindre ? Ils paraissaient si calmes. Nous savions que les Américains avaient débarqué – on ne disait pas les *Alliés* à l'époque – que la guerre allait vite finir, et nous n'avions rien à nous reprocher. Si cela n'avait pas été le cas, je ne crois pas que les Waffen-SS auraient réussi à nous rassembler aussi facilement, aussi nombreux.

*Le 9 juin, tu quittes ton travail, nous sommes vendredi, et ton chef d'atelier te dit : « Robert, ne viens pas demain, on verra plus tard ».*

C'est certainement parce que le débarquement avait échauffé les esprits. Mon chef d'atelier a eu des mots avec un gradé allemand. Je ne sais pas ce qui s'est passé exactement, mais je crois que, dans mon atelier, tout le monde était content et pensait que la guerre était déjà terminée. Il a dû se sentir plus fort.

Le vendredi après midi, un officier allemand est venu au garage et a eu une altercation avec le contremaître – c'était un officier qui était en garnison à Limoges, et qui s'occupait du matériel. Je suppose que certaines commandes n'étaient pas encore prêtes. Donc, au moment où je pars, mon chef d'atelier me dit : « Robert, tu as entendu ce qui s'est passé ? Rentre chez toi, on verra plus tard, on attend que ça passe et on te fera signe ! »

C'était trois jours après le débarquement, la confiance avait regagné la population et mon supérieur n'a pas hésité à se rebeller un peu. J'ai pris le tram à la gare, il a traversé la ville de Limoges : tout semblait calme. Normalement, je n'aurais jamais dû être à Oradour ce 10 juin.

*Comment cette journée du samedi 10 juin 1944 a-t-elle commencé ?*

L'été était presque là, il faisait beau. Je

me rappelle que, le matin, mon père était parti très tôt de la maison. Il avait conduit des vaches avec la famille Georges à Saint-Victurnien où il y avait une réquisition de bétail exigée par les Allemands. Mon père faisait cela parce que la famille Georges lui donnait un bout de terrain pour faire son jardin : c'était un échange de bons services. Il savait qu'il ne reviendrait qu'en fin d'après-midi. Je me rappelle qu'avant de partir, mon père m'avait demandé de passer chez notre voisine pour lui installer une prise électrique. C'est ce que j'avais fait le matin. Il faisait très chaud.Une belle journée avait commencé...

*À quel moment les Waffen-SS sont ils arrivés dans Oradour-sur-Glane ?*

J'étais devant la maison, avec mon copain Martial Brissaud. Il travaillait comme charron avec son père et il avait une heure pour bavarder avec moi. Nous ne savions pas que pendant ce temps, les Allemands opéraient l'encerclement total de notre village. Nous parlions du match de football du lendemain, lorsque nous avons vu passer deux véhicules remplis de Waffen-SS armés jusqu'aux dents. Ils ont traversé le village.

À l'époque j'avais une montre bracelet. C'était assez rare pour un jeune de mon âge, mais j'en avais besoin parce que je travaillais. Cette montre était à l'heure allemande, qui était utilisée dans mon travail et pour les horaires des tramways.

Dans la commune beaucoup continuaient à vivre à l'heure française, avec une heure de moins. À ma montre, il était 14 heures lorsque les camions sont passés devant nous. Tout de suite, nous avons cru qu'ils traversaient le bourg pour aller sur le front de Normandie.

Je voyais des Allemands tous les jours à Limoges : cela ne m'a pas frappé, alors que mon copain Martial, qui n'avait peut-être jamais vu d'occupants, a pris peur ; il m'a dit : « Je pars ! »

Un autre camarade venait de nous rejoindre, il a fait demi-tour. « Ils ne vont pas nous manger. » leur ai-je dit. Sur son chemin,

Martial vit le maire et l'instituteur qui regardaient les engins à chenilles passer devant la mairie. Deux véhicules de guerre qui passent dans un village fort tranquille, c'est suffisament exceptionnel pour faire sortir les gens de chez eux. Le maire a demandé à Martial où il allait en courant. Il a répondu qu'il avait peur et qu'il allait se cacher. Le maire lui répartit d'une voix enjouée : « Eh bien Martial, tu reviendras demain m'indiquer ta cachette ! »

Les deux autochenilles se sont arrêtées en haut du village, des SS ont sauté des véhicules qui sont redescendus dans les rues. Lorsqu'ils sont repassés devant chez moi, ma mère et ma grande sœur sont sorties elles aussi. C'est alors que nous avons vu deux SS qui descendaient des deux côtés de la rue, et faisaient sortir tous les habitants de leurs maisons pour les rassembler. Ils disaient : « Place ! Place ! Place ! » et tout le monde les suivait sans même songer à hésiter.

*Je suis étonné que tout le monde ou presque ait obéi sans rien dire ?*

Tout simplement parce que personne n'avait rien à se reprocher. Certains d'entre nous pourtant n'ont pas rejoint nos rangs. Je pense notamment au petit Roger Godfrin, un jeune garçon venu de Moselle : il avait huit ans et était réfugié avec sa famille. Sa mère lui disait toujours : « Roger, dès que tu vois les Allemands arriver tu t'enfuis, tu pars ! » Cette famille était voisine de la nôtre durant quelques années, et je l'entends encore lui faire cette recommandation. Le jeune garçon a tout simplement obéi à sa maman et, dès qu'il les a vu entrer dans son école, il s'est enfui. D'autres ont fait la même chose que lui. Je pense notamment à Martial. À l'arrivée des Wafen-SS, il prit sa canne à pêche et quitta discrètement le village.

Le jeune marchand de tissus, bien connu dans le village et aux alentours, s'avisa que les troupes ennemies entraient dans Oradour : sans attendre, il ferma sa boutique et partit. D'autres encore choisirent de se cacher : comme ces deux frères, réfractaires au STO, le Service de Travail Obligatoire qui exigeait à l'époque que les jeunes Français aillent travailler dans les usines nazies. Beaucoup de jeunes ont refusé d'y aller et de vivre là-bas dans des conditions souvent identiques à celles des prisonniers. Certains d'entre eux ont nourri les rangs de la Résistance, d'autres ont choisi la clandestinité comme eux qui étaient cachés dans le village. Ils pouvaient légitimement penser qu'ils risquaient quelque chose à la faveur d'un contrôle de papiers. D'autres encore ont choisi de ne pas rallier le groupe qui se constituait peu à peu sur la place du village.

Ce fut le cas notamment pour les enfants de la famille de tanneurs : Jacqueline, Francine et André, leur petit frère handicapé. Cette famille de mégissiers originaire de Bayonne avait trouvé refuge à Oradour-sur-Glane. Elle s'y sentait tellement en sécurité qu'elle avait choisi d'y rester. Lors de l'arrivée des troupes allemandes, Jacqueline et Francine étaient installées dans le pré de la commune près de chez elles – en haut du village – on dit le haut que l'on oppose à l'église qui est considérée comme étant en bas. Leur père leur a demandé de se cacher avec leur petit frère. Il a tellement insisté, que les trois enfants ont obéi et se sont réfugiés sous l'escalier extérieur de leur maison, pendant que leur père, leur mère et leur grand-mère rejoignaient l'attroupement en priant certainement de ne pas être découverts comme Juifs. L'insistance de leur père permit aux trois enfants de sauver leur vie. Après le départ des dernières sentinelles, ils ont décidé de s'enfuir et de quitter le village qui était en train de brûler.

Les trois enfants ont traversé les bois et les champs en essayant de se cacher et en évitant les routes. Cela n'était pas facile : le jeune fils était handicapé et marchait difficilement. Après ce que j'imagine être des heures d'errance, ils ont eu la chance, dans un village éloigné de plusieurs kilomètres du lieu de massacre, de frapper à la porte d'une maison où on les reccueillit. Là, ils purent raconter tout ce qu'ils avaient vu, la troupe arrivant à Oradour, les coups de feu et l'incendie, mais ils ne savaient pas grand-chose.

J'aurais pu me cacher moi aussi. Peu avant que les Waffen-SS n'arrivent à notre niveau devant la maison, ma mère m'a demandé de fuir en passant par le jardin. Mais je lui ai répondu que j'étais en règle, que je n'avais rien à me reprocher, que je pouvais y aller. Je pensais que cela ne durerait pas longtemps. Alors, nous nous sommes tous rendus, un peu inquiets certes, mais pas au point d'avoir peur, sur la place. Les SS ne trahissaient aucune nervosité qui aurait pu nous faire craindre le pire. Personne n'affichait la moindre peur apparente : ils n'étaient jamais venus chez nous jusqu'alors.

*L'arrivée des SS ne pouvait donc inquiéter personne selon toi ?*

Le maire et l'instituteur descendaient eux aussi, rien n'était inquiétant dans l'attitude des Waffen-SS. Tout le village s'est retrouvé sur le champ de foire que des hommes armés encerclaient. Quatre mitrailleuses y avaient été installées. Nous étions regroupés sur une moitié de l'espace. Il y avait une pile de fagots sur laquelle nous pouvions voir des SS qui avaient pointé une mitrailleuse sur nous. Je n'ai pas eu peur, je n'ai pas senti le danger. Et je demeure convaincu que tout le monde était dans le même état d'esprit que moi. Les Allemands ne parlaient pas : ils restaient silencieux. J'ai rejoint la place sans avoir pris mes papiers et je me suis dit que si on me les demandait je pourrais aller les chercher, la place étant toute proche de ma maison. Je me rappelle seulement que, dans la précipitation, personne n'avait pris le temps de se changer pour rallier le lieu de rassemblement : je portais un simple gilet de corps.

Le boulanger était en tenue de travail. Les mères portaient leurs enfants dans leurs bras. Toutes n'avaient pas de poussettes. Des véhicules arrivèrent : ils ramenaient des civils, des vieillards, quelques personnes des hameaux voisins ; ils déchargeaient des gens et repartaient pour en ramener d'autres qui étaient très surpris de se retrouver au milieu de cette foule. On était là, debout, avec les mitrailleuses braquées sur nous. Je suis allé embrasser Denise, ma petite sœur. Elle n'avait que neuf ans et j'avais senti qu'elle avait peur. Elle était là, avec les élèves de l'école de filles et l'institutrice, qui consolait de son mieux tous ces enfants. Je me souviens que le pâtissier a demandé à une sentinelle s'il pouvait aller voir ses gâteaux qui risquaient brûler dans le four. On lui a répondu en français : « Ne t'inquiète pas, on s'en occupera ! » Pendant ce temps j'ai traversé la place pour aller retrouver mes copains. Cet épisode a duré de trois quarts d'heure à une heure environ, puis les sentinelles ont séparé les hommes et les femmes.

J'ai vu le maire, le directeur de l'école de garçons et son épouse, qui était institutrice. Elle était avec sa fille et son fils trisomique. Il paraissait plus vieux que son âge. Les Waffen-SS voulaient le mettre avec les hommes, sa mère leur a fait comprendre qu'elle souhaitait le garder avec elle, ils ont accepté. Ils ne devaient surtout pas semer le moindre trouble.

Je sais aujourd'hui qu'ils faisaient comme cela lorsque les trains arrivaient chargés de déportés dans les camps de concentration. Les gens descendaient dans le calme, certaines fois même en musique. Il ne fallait surtout pas créer le moindre trouble, c'était tellement plus facile après pour faire leur sale besogne et massacrer tout le monde. Mais cela, bien entendu, nous l'ignorions. Ils ont ensuite fait quitter la place aux femmes et aux enfants, sous la menace de leurs armes.

*Combien y-avait-il de SS qui vous tenaient en joue ?*

Selon les sources ils étaient entre 130 et 140 ; moi je n'en ai pas vus autant. Sur le champ de foire, ils étaient peu nombreux : une quinzaine, me semble-t-il. Il y avait aussi tous ceux qui étaient dispersés aux quatre coins du village et qui en surveillaient les accès. Nous ne pouvions pas les voir. Ce qui était frappant, c'était leur jeunesse, pour la plupart, ils n'étaient pas plus âgés que moi.

*La séparation des hommes, des femmes et des enfants s'est donc déroulée sans problème ?*

J'essayais d'apercevoir ma mère et ma sœur qui partaient. Lorsque je réussis à les voir dans la foule, elles me regardaient. Je sentais que ma mère avait peur : elle était beaucoup plus inquiète pour mon sort que pour le sien.

Les hommes étaient concentrés sur le trottoir de gauche. Les Waffen-SS nous ont fait mettre en rang par trois face au mur. Là je n'ai pas pensé une seconde qu'alignés, comme ça contre le mur, avec des mitrailleuses dans le dos, ils pouvaient nous fusiller. Nous ignorions absolument tout de ce qui s'était passé la veille. Quatre-vingt-dix-neuf civils avaient été pendus dans les rues de Tulle. Si on l'avait su, rien ne se serait passé comme ça, j'en suis convaincu. Mais nous étions en temps de guerre, sans presse écrite, autant dire que nous étions privés de toute information. Dans notre groupe, il y avait des hommes qui avaient fait la guerre de 14-18, certains même étaient mutilés. Personne n'avait l'air de s'inquiéter, aujourd'hui je me dis : « Mais ce n'est pas possible que tous ces gens-là se soient laissés faire. » Et pourtant, c'est comme ça que tout s'est déroulé. Les SS ont demandé que le maire se présente. Monsieur Désourteaux s'est avancé ; ils ont exigé de lui qu'il désigne des otages. Il s'est proposé lui-même. Il est parti avec deux SS, ils ont pris la direction de la mairie. Il n'a pas dû parti très longtemps ni très loin non-plus. Il avait un peu de mal à marcher. Qu'ont-ils bien pu se dire ? Nul ne le saura jamais. Il avait 70 ans...

Lorsqu'ils sont revenus, quelques minutes plus tard, les Waffen-SS ont déclaré : « Nous savons qu'il y a des armes cachées ici, nous allons les chercher. » Or, nous savions qu'il n'y en avait pas dans le village. Quelques-uns avaient encore des fusils de chasse chez eux. En 1942, les chasseurs avaient dû remettre leurs armes à la mairie. Ils ont ajouté : « Nous allons donc perquisitionner et les personnes non concernées seront relâchées. » Nous avons accueilli ce qu'ils nous disaient avec un grand soulagement. Dans les rangs, tout le monde pensait à son travail : certains hommes devaient nourrir leur bétail et nous commencions à nous impatienter. Aussi ces propos nous ont-ils soulagés : nous pensions que nous allions retrouver notre vie d'avant très rapidement.

*Personne dans vos rangs ne s'est jamais inquiété, n'a élevé la voix ?*

Non, à aucun moment. Nous pensions que cela se terminerait vite. L'attente se prolongeait, aussi certains se sont assis sur le bord du trottoir. Les hommes reprenaient leur conversation. Les SS bavardaient entre eux, certains riaient même. Ils ne laissaient rien transparaître, aucune nervosité qui aurait pu indiquer qu'un drame se préparait. Pendant ce temps, je profitais de l'occasion pour rejoindre quelques camarades. Subitement, un SS nous divisa en quatre groupes inégaux. Le premier groupe a été emmené dans le chai Denis où le maire fut conduit. Il a été exécuté à côté des autres, il a été retrouvé avec deux balles dans le cœur. À ce moment précis, j'ai pensé qu'ils voulaient nous regrouper dans plusieurs endroits pour que nous ne leur faussions pas compagnie pendant les perquisitions.

Dans mon groupe, nous étions entre cinquante et soixante. Ils nous ont dirigés vers la grange Laudy dans laquelle nous sommes entrés. Elle était encombrée de charrettes. Les plus âgés ont fait de la place. Nous, les jeunes, nous nous sommes assis dans le foin et nous avons attendu. Nous ne nous sentions pas concernés par ce qui se passait.

Les SS installaient des mitrailleuses devant l'entrée de la grange qu'ils ont balayée. Tout était tranquille. Ils étaient cinq. Les armes n'étaient pas prêtes à tirer. Si nous avions connu notre sort, ils n'auraient certainement pas pu tous nous tuer : nous étions tellement plus nombreux qu'eux, mais nous ne savions pas où étaient les femmes et les enfants. Aussi restions-nous tous bien tranquilles en les écoutant parler entre eux pendant l'installation de leur matériel de mort. Cela n'a pas duré très longtemps. Nous, nous discutions de choses et d'autres, assis dans la paille. Il devait être aux alentours de trois heures et demi ou quatre heures. On ne s'intéressait pas aux SS. À un moment l'un d'entre eux a fait le tour de notre groupe et nous a demandé de nous lever. Dès qu'il est revenu à l'entrée de la grange une détonation a retenti dans le village : c'était le signal. On commença de fusiller les hommes dans les granges. Ils faisaient feu sur nous et tout le monde est tombé.

*Où étais-tu dans l'attroupement ?*

J'étais au fond de la grange, dans le groupe. Tout le monde est tombé, j'étais blessé à la tête, au sein gauche, à la cuisse, c'était superficiel. Je suis tombé dans la fraction de seconde qui a suivi. Au tout début j'ai pensé qu'ils tiraient en l'air pour nous faire peur, après je me suis rendu compte que tout le monde tombait en poussant des cris et des gémissements. Le sang coulait sur moi, je n'avais pas mal. Pendant un moment j'étais perdu, les balles claquaient, c'était terrible. Après la fusillade, je me souviens que j'étais couché par terre avec le bras sur la tête, j'ai certainement voulu me protéger inconsciemment. De nombreux corps étaient au dessus de moi, j'ai rapidement ressenti un liquide chaud qui coulait sur moi : je me suis rendu compte que c'était du sang. En quelques secondes nous sommes passés de vie à trépas. Aujourd'hui, lorsque j'y pense, je me dis que si je suis encore là, si j'ai survécu, c'est parce que mes malheureux compagnons me firent, en mourant, un rempart de leurs corps.

*Tout le monde n'était donc pas mort, tu n'étais pas seul ?*

Non, et les Waffen-SS le savaient. J'ai senti qu'ils montaient sur nous pour achever les survivants, comme j'étais dessous, ils ne me voyaient pas. Je suis sûr que les premiers avaient seulement les jambes brisées et n'étaient pas morts. Pour ma part, j'étais protégé. J'ose le dire : j'ai eu beaucoup de chance. Tout s'est passé très rapidement ensuite. Ils ont achevé tous les hommes qui bougeaient ou qui gémissaient et après, ils nous ont recouverts de tout ce qui pouvait brûler. Je n'osais pas remuer, et je respirais difficilement.

Nous étions recouverts de foin, de fagots. J'ai trouvé le temps très long, et puis, j'ai compris qu'ils partaient. Ils nous laissaient seuls. Combien de temps ? J'ai entendu des gens parler, l'un a dit : « Les salauds ils m'ont coupé l'autre jambe ! » C'était un survivant mutilé de la première guerre mondiale.

D'autres appelaient leurs épouses et leurs enfants. Je me suis dit que, dès qu'il ferait nuit, je partirais. Mais je ne voulais pas bouger. J'attendais... Je n'ai rien dit, je ne savais même pas que j'étais blessé, je n'avais pas mal. Je me disais : « Ils n'ont pas pu tuer tout le monde, ce n'est pas possible, je fais un cauchemar ! » Je ne savais plus si j'étais dans la réalité ou bien en train de rêver. Et puis, soudain, j'ai entendu un bruit de bottes. Les Waffen-SS revenaient. Ils ont mis le feu à l'entrée de la grange, et les flammes ont progressé lentement avant de m'atteindre. S'ils avaient utilisé des lance-flammes je ne serais pas là pour dire ce qui s'est passé. Le feu prenait bien, car tout était très sec.

Quand j'ai commencé à être atteint, je me suis dit : « Robert il faut faire quelque chose, il faut que tu partes, que tu te sauves, tu ne vas pas mourir comme ça ! » Ce n'était pas seulement l'instinct de survie qui m'animait, c'était un acte nourri par la réflexion.

*Pourquoi dis-tu cela ?*

Si je n'avais été animé que par l'instinct de survie, j'aurais pu avoir des réflexes qui pouvaient me nuire alors que les SS étaient encore près de nous. Là, j'ai agi après réflexion. Il n'y avait pas beaucoup de fumée, mes cheveux ont commencé à brûler, et je me suis dit : « Je sors, je ne veux pas brûler vif ! Ils vont peut être me tuer, mais je ne veux pas mourir brûlé ! » Il y avait une petite porte derrière moi : je m'y suis précipité. Par manque de chance, elle donnait sur une cour sans issue. Je suis revenu sur mes pas, je suis allé dans une grange voisine, par une autre porte qui était en face de moi. Les Waffen-SS étaient partis, occupés qu'ils étaient, je pense, à allumer l'incendie dans toutes les maisons, toutes les rues. Je pouvais essayer de fuir.

Oradour était un lieu très rural et il y avait de nombreuses granges qui communiquaient par de petits passages. Je me suis caché dans une étable, j'ai vu une ombre, maintenant je pense que c'est le sixième homme qui s'est échappé de la grange Laudy. Il est parti vers le cimetière, je ne l'ai jamais revu. J'ai su plus tard qu'il avait été abattu par les sentinelles. J'ai eu peur, j'ai fait demi tour, je me suis caché dans une étable à cochons.

Là, j'ai attendu. J'entendais tirer de tous les côtés, le village brûlait, les tuiles explosaient, le bruit était terrible. Et puis j'ai entendu parler en français ainsi qu'en patois – la langue de chez nous, celle des paysans que les enfants ne connaissent plus aujourd'hui. Je me suis dit que ce ne pouvait qu'être des gens du village, je me suis guidé à l'oreille et j'ai retrouvé quatre copains Yvon Roby, Marcel Dartoux, Matthieu Borie, et Clément Broussaudier. Nous étions cinq dans une cour sans issue. Le feu nous cernait, nous étions cachés : nous devions fuir. Il y avait un mur, qui n'était pas en bon état : mes camarades ont fait un trou avec leurs couteaux – tous les hommes avaient un couteau dans leurs poches à cette époque – et, de là, nous sommes passés dans une autre grange.

Tout est allé très vite ensuite, nous sommes passés d'une grange à l'autre, d'un clapier à un autre, durant plusieurs heures. Les SS ne nous ont jamais vus, nous avons eu une chance exceptionnelle. Pourtant, nous avions un deuxième ennemi : le feu qui nous suivait. Et la seule chose qui nous animait c'était de ne pas mourir comme tous les autres qui avaient connu une fin atroce. Certains avaient péri avant que d'être la proie des flammes. Mourir brûlés vifs était une chose qui nous terrorisait. Aujourd'hui je pense à tous ceux qui n'ont pas été achevés sous le feu des balles, à ceux qui avaient les jambes brisées et qui se sont vus mourir dans d'épouvantables souffrances.

*Combien de temps a duré ta fuite dans les granges ?*

Plusieurs heures. Nous nous sommes cachés dans les granges qui s'embrasaient, nous avions soif, la chaleur était intense, c'était terrible. Chaque fois que nous pensions pouvoir rester dans un endroit qui nous semblait à l'abri nous devions l'abandonner à cause des flammes qui progressaient. À un moment, trois d'entre nous ont pensé trouver refuge dans un grenier. Je n'ai pas voulu les suivre et je suis resté avec mon ami Mathieu Borie sur un tas de fagot à coté de l'échelle qu'ils avaient utilisée.

Soudain, deux Waffen-SS sont entrés et sont montés à l'étage : ils étaient à moins d'un mètre de nous. Ils ont mis le feu au tas de paille de haricots sous laquelle mes amis avaient trouvé refuge et sont partis. Nous devions fuir à nouveau. Peu à peu, dans cette course contre la mort, notre groupe s'est défait, et à un certain moment je ne me suis plus retrouvé qu'avec Mathieu Borie et Marcel Darthout. Marcel était blessé aux jambes, il avait du mal à marcher. Nous nous sommes retrouvés dans la dernière grange de la rue, celle qui donnait vers la liberté, sur une place qu'il fallait traverser pour fuir enfin. Mais ce n'était pas encore fini. Dans la rue des sentinelles montaient la garde. Nous n'avions pas le choix.

Il fallait patienter là, ne surtout pas se faire voir alors que le feu était à nos trousses. Nous nous sommes cachés dans les clapiers attenants à la grange en attendant qu'ils partent. Nous entendions encore des bruits de fusillades, qui nous terrorisaient. Vers 19 heures, la voie était enfin libre. Malgré les sentinelles qui circulaient toujours dans la rue, Mathieu a décidé de partir en nous disant qu'il nous attendait de l'autre côté de la place.

*Mais il fallait traverser la place, vous ne saviez rien de ce qui pourrait arriver ?*

C'était bien le plus inquiétant : nous ne savions pas s'il y avait encore des SS embusqués sur la place. Mais nous n'avions pas le choix. Mathieu est très vite parti, je ne me suis même pas rendu compte qu'il n'était plus à côté de nous. J'ai demandé à Marcel : « Qu'est ce que je peux faire pour toi ? »

Il me répondit : « Rien, Robert ! » La décision de quitter cet endroit nous a été dictée par la nécessité. Nous souffrions de la soif, nous buvions l'eau que la fermière avait dû mettre le matin pour ses poules dans une vieille gamelle dans laquelle nous trempions nos mouchoirs que nous passions sur nos lèvres. Marcel avait de plus en plus de mal à marcher. Il avait de la température, il était plus blessé que moi. Pourtant il fallait fuir le feu qui nous menaçait, tout le village était en flammes. De notre cachette nous pouvions évaluer le temps que mettaient les sentinelles à parcourir un aller et retour sur la route du cimetière. Nous ne savions pas non plus si sur la place du champ de foire les Waffen-SS étaient toujours là.

J'ai donc quitté Marcel, traversé la place en courant le plus vite possible pour rejoindre l'enclos où je pensais retrouver Mathieu Borie. Durant la traversée de la grande place j'ai réalisé que les bruits que j'entendais, et qui nous faisaient croire que les Allemands étaient encore là, étaient ceux des tuiles des maisons qui éclataient sous l'effet de la chaleur et des bouteilles de gaz qui explosaient.

Une fois que j'ai réussi et que je me suis rendu compte que les Allemands n'étaient plus là, j'ai fait des signes à Marcel pour qu'il comprenne que la voie était libre.

Il pouvait traverser. C'est ce qu'il a fait, il a réussi. Il s'est caché dans un buisson, incapable d'aller plus loin et il a été récupéré plus tard, dans la soirée, par des gens du voisinage qui s'étaient approchés du village en se cachant. Ils étaient très surpris parce qu'ils voyaient les maisons brûler et qu'aucun habitant ne semblait se manifester. Eux aussi étaient bien loin d'imaginer ce qui s'était passé.

*Et vous deux, qu'avez-vous fait ?*

Nous sommes partis avec Mathieu en direction du cimetière. Nous l'avons traversé puis nous avons choisi de faire une pause dans un bois. De là, nous pouvions observer l'effroyable spectacle de notre village en feu.

Enfin, nous avons repris notre marche en prenant soin de suivre les buissons pour nous cacher. Nous imaginions que les SS pouvaient ratisser les alentours. À proximité d'un petit village appelé le Theil, nous avons aperçu des gens qui observaient l'affreux incendie. Nous leur avons expliqué ce que nous avions subi et leur avons dit que nous mourrions de soif. Une dame est venue avec une bouteille de vin. Nous avions plus envie de boire de l'eau que du vin mais nous n'avions pas le choix.

Après avoir bu, sans trop savoir pourquoi nous avons repris notre chemin. Quelques minutes plus tard, Mathieu m'a fait part de son désir de rejoindre son village de Boissournet où vivait sa mère. Je préférais aller le plus loin possible, m'enfuir.

J'ai poursuivi mon chemin seul, je suis allé droit devant moi. Je n'avais qu'une envie. Je voulais quitter cet enfer, retrouver ma famille. J'ai marché jusqu'à 22h30 environ. Je ne suis pas allé tout droit, j'évitais les routes, les chemins, les maisons. J'étais transi de peur. Souvent je m'arrêtais au bord des ruisseaux pour boire, j'étais déshydraté, effrayé par le moindre bruit. Lorsque la nuit est tombée je ne savais plus ou aller, la moindre ombre d'une branche m'évoquait la silhouette d'un SS avec une mitraillette : j'étais terrorisé.

J'avançais sans savoir où j'allais, animé par la peur, uniquement par la peur. Au bout d'un certain temps, je me suis retrouvé dans le petit village de la Martinerie, sur la commune de Cieux. J'ai fait le tour du hameau, tout était calme. Quelques chiens aboyaient. J'ai vu une fenêtre éclairée, j'ai frappé, le propriétaire est venu m'ouvrir. Durant la journée, il avait vu les flammes et la fumée à près de sept kilomètres de chez lui. Il m'a demandé d'où je pouvais sortir dans un tel état. « Les Allemands, lui ai-je dit, ont tué tous les hommes à Oradour ». Il m'a ouvert grand sa porte et a rajouté : « Qu'avez-vous bien pu leur faire pour qu'ils s'attaquent à vous ? ». Malheureusement, il ignorait ce qui s'était passé et pensait que les Allemands avaient organisé des représailles. Tout le monde le sait aujourd'hui : rien n'avait justifié cet acte. Et, dans cette maison, il s'est passé quelque chose d'incroyable : le propriétaire m'a ouvert sa porte, et j'ai vu Jacqueline, Francine et leur petit frère André, qui avaient trouvé refuge dans la même maison.

*Ils étaient dans la même maison ?*

C'est vrai, c'est extraordinaire, les trois enfants ont fui et ont pris un chemin différent du mien mais étrangement, nous avons tous les quatre frappé à la même porte. C'est incroyable, lorsque l'on y pense. Combien y a-t-il de villages et de hameaux à sept kilomètres autour d'Oradour-sur-Glane, et combien de maisons ? Et pourtant, nous avons trouvé refuge au même endroit.

Francine et Jacqueline étaient choquées, effrayées, inquiètes, elles ne savaient rien et je leur ai dit ce que je croyais être la seule vérité. À savoir qu'ils avaient tué tous les hommes. J'ai dit qu'ils avaient épargné les femmes et les enfants.

Je n'avais rien vu, je ne savais pas. J'étais convaincu qu'ils ne les avaient pas tués. Je ne pouvais même pas l'imaginer une seule seconde. Je pensais que je retrouverai ma mère et mes sœurs, sans problème.

Mon père était dans un village voisin, il avait donc échappé au drame. Je les ai consolées : « Ne vous inquiétez pas, vous retrouverez votre maman et votre grand-mère ! » J'ignorais tout du drame qui s'était déroulé dans l'église. Rapidement, dans le petit village tout le monde a été mis au courant de ce qui s'était passé à Oradour et appris qu'un jeune homme qui avait échappé au massacre était là. Effrayés, les villageois ont pris des couvertures, et sont allés dormir dans les champs, pour ne pas être pris par les SS.

Après le 10 juin, j'ai passé très longtemps

sans dormir dans une maison. Je ne le pouvais plus : la peur me saisissait. Ce soir là, avant d'aller dormir dehors, Jacqueline a voulu me soigner et me nettoyer un peu. J'étais couvert de sang et de terre. Je n'avais plus de cheveux, mes blessures que j'avais oubliées durant ma fuite dans le village en flammes et mon périple dans la campagne me faisaient terriblement souffrir.

Jacqueline nettoya mes plaies avec de l'eau de vie, le seul désinfectant que la patronne de la maison eût en sa possession. Enfin, nous sommes allés nous coucher dans l'angle d'un champ de blé. Nous ne pouvions pas dormir, nous regardions de très loin les flammes d'Oradour. Nous ne parlions pas, nous étions tous murés dans nos pensées.

*Le lendemain, es-tu retourné dans ton village ?*

Je ne pense même pas que la question se soit posée une seule fois. La nouvelle du drame d'Oradour s'est diffusée dans la région comme une traînée de poudre. J'ai su par la suite que des centaines de gens qui vivaient autour d'Oradour avaient appris la nouvelle et avaient momentanément quitté leurs maisons pour dormir dehors. Quant à moi, dès le matin, j'étais pris en charge par un notable qui vivait à proximité du hameau de la Martinerie. Il devait s'inquiéter de mon état et il est venu me chercher pour m'amener chez le médecin à Cieux. Par chance, c'était un dimanche et il faisait le voyage pour aller à la messe.

Dans la matinée du 11 juin, le bruit s'est répandu partout dans les alentours qu'un jeune homme avait survécu. Je suis monté dans sa carriole à cheval, la route m'a semblé très longue, chaque cahot me faisait souffrir, mais je suis enfin arrivé chez le médecin qui m'a ausculté et a soigné mes plaies au bras, au sein gauche et mes brûlures. Il a aussi pris la décision de me faire une piqûre antitétanique dans le ventre.

*Dans quel état étais-tu ?*

Comme tu le sais, je revenais de l'enfer, mais

je faisais le bilan : si je pensais à ce qui s'était produit la veille, le constat était terrible, aussi essayais-je de me rassurer. J'étais vivant malgré tout, mon père n'était pas au village lors de l'arrivée des Allemands et je ne m'inquiétais pas pour mes sœurs et ma mère, dont j'étais certain qu'elles étaient sauves.

La veille, lorsque nous avions été conduits à la grange Laudy, j'avais regardé vers le bas du village où était descendu le groupe de femmes et d'enfants. J'étais convaincu qu'ils avaient été évacués pour ne pas assister au massacre des hommes et à l'embrasement du village. Le médecin m'a soigné et m'a gentiment demandé d'attendre sur la place du village. Je pense qu'il ne voulait pas me garder dans sa maison avec mes habits ensanglantés.

Je ne m'en rendais pas compte, j'avais du sang séché partout. Ce médecin était juif, il craignait déjà beaucoup pour lui et ne devait pas se sentir en sécurité dans la France en guerre. Il ne faut pas oublier que le sort des Juifs était terrible, qu'ils étaient déportés et tués, je pense qu'il ne voulait pas avoir de problèmes avec la police ou la milice qui était déjà à la recherche d'éventuels survivants du massacre d'Oradour et voulait les faire taire. Il avait certainement peur que les hommes de la milice ne débarquent chez lui et me prennent pour un homme du maquis.

En cette période où les Allemands étaient inquiets de l'issue de la guerre tout le monde avait peur. Dans la confusion, dans la crainte, personne ne s'est rendu compte de ma tenue, ni au village, ni chez le médecin.

À la sortie de la messe, je suis reparti pour la Martinerie où m'attendaient les jeunes. L'ambiance nous semblait pesante : tout le monde était inquiet et je ne savais pas quoi faire. Je ne pouvais pas abandonner Francine Jacqueline et André, alors j'ai pensé aller chez ma sœur Odette : elle habitait à quelques kilomètres d'Oradour, sur la commune de Veyrac, au village du Pouyol. J'étais persuadé de retrouver là-bas, mes deux sœurs et ma mère que je n'avais pas revues depuis la veille, ainsi que mon père qui aurait eu l'idée d'aller chez elle. Notre maison avait brûlé, nous n'avions plus rien : il ne pouvait trouver refuge que chez ma sœur. Je leur ai donc proposé de m'y accompagner. Nous n'avons pas pris les routes pour accomplir ce voyage à pied – un peu moins de dix kilomètres – mais nous avons traversé les champs, nous nous sentions plus en sécurité.

Nous sommes partis à quatre avec le jeune André qui marchait difficilement et que nous avons successivement porté. Arrivés au Pouyol, j'ai retrouvé ma sœur et mon père qui attendaient de mes nouvelles. Mon père savait que j'étais survivant.

L'un des cinq rescapés de la grange Laudy était passé dans un village que mon père avait ensuite traversé et avait dit : « Robert doit être vivant. » C'est pour cette raison qu'ils ne semblaient pas vraiment surpris de mon arrivée. Non seulement ils n'étaient pas conscients de l'ampleur du massacre, mais, en plus, ils pensaient encore que ma mère et mes sœurs étaient vivantes.

*Que savait-il de ce qui s'était passé ?*

Mon père ignorait qu'il y avait eu un rassemblement, une séparation des hommes et des femmes : personne ne connaissait les détails de la journée qui s'était déroulée la veille. L'incendie avait terrorisé tout le voisinage, mais, de là à imaginer ce qui s'était produit, c'était impossible. Mon père avait passé la journée à Saint-Victurnien, à moins de dix kilomètres d'Oradour, et, le soir, en rentrant, il avait vu les flammes qui dévoraient le village. Dans la nuit, il s'est approché de notre maison, mais n'y a rencontré personne. Oradour était totalement dévasté.

*Et vous n'avez pas retrouvé les personnes que vous cherchiez ?*

C'était une véritable déception pour nous. Pourtant, tout le monde continuait à penser que les femmes et les enfants du village étaient toujours vivants. Aux alentours de 20h30, mon père a donc décidé de faire un saut jusqu'à Oradour à vélo, il s'est approché de l'église et a vu des corps calcinés qui brûlaient encore. Il a tout de suite compris qu'il s'agissait de corps des femmes et des enfants du village.

Mon père était seul dans les ruines encore fumantes. Il faut avoir à l'esprit qu'à l'époque, il n'y avait aucun secours organisé, personne n'est venu sur le champ, sur les lieux du massacre : tout le monde avait peur.

Durant la journée, des voisins ou encore des habitants du village qui n'étaient pas présents au moment du massacre sont venus, mais c'était tout. Lorsqu'il est revenu chez ma sœur, il a simplement dit : « Ils ont fait comme en Belgique en 14, ils ont tué les femmes et les enfants dans l'église. »

Il faisait référence à un massacre qui s'était déroulé durant la première guerre mondiale, et dont il avait gardé le souvenir. C'est la seule réflexion qu'il m'ait faite et il n'a rien ajouté. Je me pris à pleurer ; les enfants étaient anéantis. Mon père essayait de se rassurer en disant : « Elles ne peuvent pas toutes être mortes dans l'église, ce n'est pas possible », et cette réflexion nous rassurait un peu, sans pour autant nous consoler vraiment.

Mon père est allé le lendemain matin dans les bois, dans la forêt, voir s'il ne trouvait pas quelqu'un, des gens effrayés qui auraient pu se cacher. Aujourd'hui encore, sachant que je n'ai rien pu conserver de ma mère et de mes sœurs, c'est un chagrin immense.

*Comment as-tu appris ce qui s'était passé dans l'église ?*

Marguerite Rouffanche, la seule femme qui ait pu échapper à ce massacre effroyable, me l'a souvent raconté. Je connaissais cette femme depuis l'enfance. Elle était ma voisine lorsque j'étais enfant et jusqu'à sa disparition elle m'a toujours appelé « mon petit ».

Elle m'a raconté la peur et la terreur qui s'est emparé des centaines des femmes, de jeunes mères qui se sont jointes au rassemblement avec leurs bébés dans les bras ou en poussant leurs landaus, des grands-mères et de tous les enfants des écoles massés dans le lieu saint qu'était l'église de notre village.

Elle m'a raconté que, vers 16 heures, deux

Waffen-SS âgés d'une vingtaine d'années seulement ont placé dans la nef, près du chœur, une sorte de caisse assez volumineuse. Des cordons dépassaient de cette dernière : ils y mirent le feu, et la caisse explosa en répendant une épaisse fumée noire et suffocante. Cette fumée a engendré une terrible panique dans l'église et subitement les SS ont tiré sur la foule et tué le plus grand nombre de personnes. Ensuite, les SS ont jeté de la paille, des fagots, des chaises, tout ce qui pouvait brûler sur les corps gisants et ont allumé le feu. J'imagine que de très nombreuses victimes n'étaient pas mortes, peut-être juste blessées et ont été brûlées vives dans l'épouvantable brasier.

Animée par un instinct qui devait être égal au mien, madame Rouffanche qui n'était pas blessée a profité de la fumée qui avait envahi l'église pour se réfugier derrière l'autel. En montant sur l'escabeau qui était utilisé pour allumer les cierges, elle a pu atteindre l'une des trois fenêtres dont les vitraux avaient été brisés par l'explosion. Elle m'a révélé que ses forces étaient décuplées, et qu'elle avait pu sauter à l'extérieur de l'église et faire un saut de plusieurs mètres dans le vide pour se retrouver dans les buissons. Elle a été suivie par une maman et son bébé. Derrière le presbytère, une sentinelle les a mitraillés, la maman et le bébé ont été tués, Marguerite Rouffanche a été grièvement blessée et a pu se réfugier dans le jardin du curé où elle est restée jusqu'au lendemain.

Dans ce massacre, le plus jeune enfant avait seulement huit jours.

Je n'ai su tout cela qu'après, et j'ai pensé à ma mère et à mes deux sœurs qui ont été assassinées froidement dans des conditions épouvantables. De surcroît, ma pauvre mère était malade du cœur. J'espère que son martyre fut aussi bref que possible, en compagnie de ses filles, dans ce lieu sacré devenu un enfer.

*Le dimanche soir, au Pouyol, tu ne savais rien de tout cela ?*

J'étais plus abattu que révolté, je n'arrivais

pas à réagir. Je pensais être dans un cauchemar. Durant les huit jours qui ont suivi, alors que nous étions tous ensemble, je ne me souviens de rien. Mon père m'a amené à Oradour le samedi suivant, le Secours National s'était installé à proximité du village. On m'a donné un costume. Ce dont je me rappelle surtout, c'est que l'on m'a refait mes pansements. Nous avons traversé le village. Là, j'ai réalisé ce qui s'était passé. Pendant le massacre, je n'avais rien vu : je n'avais pensé qu'à me sauver.

*Qu'avez-vous fait alors ?*

Nous sommes restés chez ma sœur. Dès le lundi matin, mes amis André Désourteaux, Aimé Darthout, Martial Brissaud et Paul Doutre qui avaient appris que j'étais vivant sont venus au village du Pouyol. Eux-aussi, avaient perdu leur famille. Nous nous sommes tous installés dans la ferme, où Francine et Jacqueline sont devenues mes infirmières attitrées et s'occupaient de mes blessures.

Pendant ce temps, les jeunes hommes

battaient la campagne à la recherche de nourriture pour alimenter tout ce petit monde. Nous n'avions plus d'endroit ou aller. Nous sommes restés quelques jours dans ce havre de paix. Nous ne savions pas de quoi nos lendemains seraient faits, nous avions besoin de demeurer les uns avec les autres.

*Etais-tu animé par le désir de vengeance ?*

J'étais plus abattu que révolté et, si j'ai rejoint les rangs de la résistance par la suite, c'est essentiellement dû à une succession de hasards. Les survivants étaient recherchés par la milice : je l'ai su par mon chef d'atelier à Limoges. Des miliciens sont venus quelques jours après le drame pour lui demander si j'avais repris mon travail et s'il savait où j'étais. Je craignais que la milice ne s'intéressât de trop près aux témoins du massacre et cela ne me rassurait guère.

Il ne faut pas l'oublier, la guerre n'était toujours pas finie et, durant l'été 1944, de très nombreuses personnes ont été tuées dans le nord du département. Des gens voulaient nous contacter pour savoir si on avait vu des membres de leur famille.

Je suis rentré dans le maquis fin juin début juillet, j'ai rallié le groupe de Fromental, sur la commune de Cieux. Nous étions une quinzaine, mais sans armes ; je savais que je devais me cacher. Je ne suis pas rentré dans le maquis par patriotisme, mais surtout par souci de trouver une famille. Qui peut juger cela, soixante-dix ans après ?

*Comment se déroulait la vie dans le maquis ?*

Il ne faut pas penser que nous étions des héros : nous étions des hommes libres qui ne voulaient pas vivre sous le joug de l'occupant. Dans le maquis que j'ai rallié, on avait à boire et à manger, mais, faute de munitions, on ne faisait pas grand-chose. J'ai réparé quelques véhicules, on se cachait surtout.

Cette drôle de vie a duré jusqu'au 14 juillet, date à laquelle il y a eu des parachutages d'armes importants et on nous a donné un fusil mitrailleur que nous avons mis deux jours à monter avec mon copain André Désourteaux. Nous l'avons essayé ensuite dans un champ de pommes de terre. À partir de ce moment là, nous devions faire des tours de garde sur la route de notre campement. Nous devions prévenir la troupe si une voiture arrivait. Si les Allemands étaient venus, qui sait ce qui se fût alors passé.

*T'es-tu battu par la suite ?*

Un jour j'ai bien eu la peur de ma vie et quelques-uns d'entre nous malheureusement furent tués à cette occasion. C'était le 7 août 1944 : je montais la garde toujours avec mon ami André quand, à la pointe du jour, nous avons vu arriver à vélo une jeune fille que nous connaissions. Elle s'est arrêtée à notre hauteur, et nous a dit qu'il y avait un camion d'Allemands à Cieux.

Toute notre troupe est partie les attaquer et les prendre en étau. J'avais mon fusil sur l'épaule, nous avons crapahuté dans la campagne et, une fois arrivés à la hauteur du petit village des Rivaux, nous avons été pris en embuscade par l'ennemi. Cela a été terrible, nous avons perdu neuf hommes, nous avons été attaqués au mortier.

Avec mon copain André, mon ami de toujours, nous avons sauté dans un ruisseau, et nous sommes sortis à la gare de la Veyrine entre Cieux et Blond. Dans le village nous avons vu un vieux monsieur assis sur un banc qui nous a dit que les Allemands venaient tout juste de passer par là. Nous avons continué à marcher, et sommes arrivés devant une ferme où il y avait là aussi des SS. Par chance, nous avons pu nous cacher encore et partir à travers champ. Le soir, nous sommes revenus au Pouyol, chez ma sœur. À chaque fois, nous avons frôlé la mort. Je suis resté chez ma sœur encore quelques jours, lorsque un homme du maquis de Pelchevent installé sur la commune de Chamboret est venu pour récupérer mon arme. Là encore, ne sachant que faire et toujours animé par le souci de trouver un groupe, j'ai décidé de le suivre.

Nous étions à quelques jours de la Libération de Limoges, qui a eu lieu le 25 août. J'ai intégré la caserne Marceau : on m'a fait poster sur un coin de la caserne avec un fusil mitrailleur d'où je devais surveiller l'éventuel retour des Allemands. Je me suis retrouvé ensuite dans une compagnie, j'étais mécano, je savais conduire et j'ai été chauffeur d'un capitaine.

Après, quand le 63$^{e}$ Régiment d'infanterie a été créé : je l'ai intégré, j'ai été muté à la Compagnie de commandement comme mécano. Je ne disais rien de ce qui m'était arrivé : certains le savaient, d'autres pas. Je faisais de la mécanique, cela me plaisait. Le 63$^{e}$ Régiment est parti se battre sur le front de la célèbre poche de Saint Nazaire, que les Allemands continuaient d'occuper au moment de Noël 44. Comme j'étais dans l'intendance, je ne les ai pas suivis.

En mars 45, le colonel du 63$^{e}$ Régiment a dû créer le régiment du train à Vannes, et je l'ai accompagné. Le jour de la Libération, j'étais à Lorient. Nulle part on ne parlait du drame d'Oradour. J'étais engagé jusqu'à la fin de la guerre, je n'ai été libéré qu'après la défaite du Japon en septembre 45 : j'étais à Châteauroux ce jour-là. Durant cette période, l'envie d'en découdre avec l'ennemi me reprenait quelquefois. Un jour, j'étais à Redon et j'avais demandé ma mutation dans la première armée pour aller sur le front : on m'a répondu qu'il n'y avait pas de place.

J'ai refait ma demande quelques temps plus tard. Alors, le colonel, qui savait que j'étais rescapé du massacre, m'a convoqué et traité de petit con. Puis il m'a demandé : « T'en as pas vu assez comme ça ? » Alors je suis resté à Redon. J'ai été démobilisé en septembre 1945, je suis revenu à Oradour et je suis allé travailler au garage de Limoges que j'avais quitté le 9 juin 1944.

Alors que la paix est à nouveau installée sur le monde et que la deuxième guerre mondiale a connu son épilogue, l'heure de penser à l'avenir a enfin sonné. Robert a tout juste vingt ans, il a vécu toute son adolescence dans la guerre, il a perdu sa mère, deux de ses sœurs, de nombreux amis et voisins dans le drame d'Oradour-sur-Glane et ne pense qu'à une chose : vivre, mener à nouveau une vie normale et ne jamais oublier l'horreur qu'il a subie le 10 juin 1944.

*Après la guerre tu décides de revenir à Oradour-sur-Glane ?*

Je voulais reprendre mon travail, je suis

retourné dans mon village, là où j'avais grandi. Depuis le massacre, les choses avaient changé : les gens avaient pris conscience de l'horreur qui s'y était produite. Peu à peu, quelques jours après le carnage, plusieurs voix se sont élevées. J'ai ainsi appris que, durant la semaine qui a suivi, l'évêque de Limoges avait voulu célébrer un office à la mémoire des 642 victimes. Songez que c'était encore la guerre ! Les miliciens prétendirent que la cathédrale était minée et que, si l'office avait lieu, ils la feraient exploser.

L'évêque célébra néanmoins une messe des morts, et fut arrêté pour cela. Ces faits, je ne les ai appris qu'à mon retour, ainsi que le calvaire des femmes et des enfants, que me raconta Madame Rouffanche. Après le 10 juin, elle avait été hospitalisée plusieurs mois. Je ne l'avais pas revue avant de partir. J'avais besoin qu'elle me raconte ce qui s'était passé lors du massacre des femmes et des enfants, là où ma mère et mes deux sœurs avaient perdu la vie dans d'horribles circonstances. À Oradour tout avait changé depuis mon départ. Le 5 mars 1945, le général de Gaulle est venu se recueillir sur les ruines du village. Jusque-là, il avait été question de le rebâtir à son emplacement historique. Des travaux avaient même déjà commencé. Le Général a pourtant souhaité que le village reste en l'état, estimant qu'il s'agissait du symbole de la barbarie nazie en France. Voici quelles furent ses paroles :

*« Oradour est le symbole des malheurs de la patrie. Il convient d'en conserver le souvenir, car il ne faut plus jamais qu'un malheur pareil se reproduise. »*

C'est lors de cette visite qu'il a été décidé de reconstruire le village à côté. Un lieu nouveau dans lequel les rescapés ont pu commencer à s'installer dans des baraquements. Jusque-là tous les survivants s'étaient installés là où ils le pouvaient. Des logements provisoires ont été construits à partir des années 1946-1947. Pour des baraquements, ils étaient plutôt confortables avec un soubassement en pierre, un vide sanitaire, deux chambres, une cuisine, un appentis et des toilettes. On vivait en face des ruines : nul ne s'en offusquait. C'était toujours notre village. Tout le monde a été logé dans ces baraques, certes provisoires, mais qui bénéficiaient d'un relatif confort avec tout le mobilier nécessaire : une armoire, un lit, un buffet, une table et un petit fourneau pour la cuisine et le chauffage. Il ne nous restait rien de notre vie d'avant, pas même le plus petit meuble, et jusqu'aux photographies de ceux que nous avions aimés.

*Tu as vécu là, à côté du village en ruines ?*

Notre maison avait brûlé : dans ma famille, nous n'avions plus rien. Je me suis installé dans une baraque avec mon père et mon épouse. Je me suis marié quelques années après la guerre. Nous avons vécu là durant trois années environ. Dans les baraquements, il y avait l'école, la mairie, la Poste. Un prisonnier de guerre revenu d'Allemagne, et qui avait un café avant les hostilités, a rouvert un établissement ; il y a eu un pâtissier aussi.

La vie recommençait, mais le souvenir était toujours présent. Nous étions une petite quinzaine de familles : notre vie s'organisait peu à peu. Moi, je voulais vivre.

Je me suis installé comme garagiste à Limoges avec d'anciens copains de régiment, qui étaient peintres en voiture, j'avais 21 ans, j'étais tout jeune. Après, j'ai ouvert un garage dans le village provisoire, puis un autre dans la nouvelle ville qui a été reconstruite et dans laquelle nous avons vécu, avant de nous installer à Saint-Junien.

Le nouvel Oradour a été terminé en 1953. Nous formions une communauté de jeunes couples. Il n'y avait pas de personnes âgées : elles avaient toutes péri le jour fatal. Nous savions ce qu'était la vie, nous avions l'instinct, l'envie de vivre. Mais il ne faut pas croire que l'on nous a tout donné, il ne faut jamais oublier que l'on nous avait tout pris, que tout ce que nous possédions était parti en fumée. Nous souffrions du même symptôme que celui qui avait atteint les rescapés des camps de concentration. Nous étions revenus de l'enfer, nous n'aurions pas dû revenir vivants, et souvent j'ai préféré me taire. Durant toute ma carrière professionnelle, je n'ai jamais fait étalage de mon passé. Je ne me suis jamais présenté comme étant un rescapé de la grange Laudy mais je n'ai jamais refusé d'en parler lorsque l'on me posait la question. Dans mon entourage professionnel, peu savaient ce qui m'était arrivé. C'est lors du procès de Berlin, en 1983, qu'ils ont appris que j'avais survécu aux flammes de la grange Laudy.

*Deux procès ont eu lieu, le premier en 1953 à Bordeaux et le second à Berlin en 1983 qui mettaient en cause les responsables du massacre. Comment les as-tu vécus ?*

Inconsciemment, je pense que tous les rescapés, tous les membres des familles des victimes attendaient beaucoup de ce procès qui s'est déroulé à Bordeaux. Notre espoir de voir la justice rendue au cœur de l'horreur qui s'était déroulée nous animait tous je pense. Le procès de Bordeaux a eu lieu en 1953. J'ai témoigné et je garde un mauvais souvenir de ce moment. Je n'ai pas eu le droit d'entrer dans le tribunal avant de prendre la parole et je n'ai pas pu assister aux débats. J'ai parlé dix minutes à la fin du procès. Je ne reconnaissais pas les hommes qui avaient pris place sur le banc des accusés.

Neuf ans plus tôt ils étaient en uniforme, à présent ils étaient en costume-cravate. Vingt-et-un hommes étaient assis sur le banc des accusés. Parmi eux, il y avait sept Allemands dont deux sous-officiers et quatorze Alsaciens, treize Malgré-Nous comme on appelait ceux qui avaient été enrôlés de force dans la Waffen-SS ainsi qu'un volontaire. Ce dernier assumait pleinement son statut.

Le verdict tomba, et nous parut d'une insoutenable clémence : un sous-officier allemand fut condamné à mort et les autres écopèrent de peines de dix à douze ans de prison.

L'Alsacien fut condamné à mort lui aussi, et les Malgré-Nous à des peines de cinq à huit ans de prison. Le verdict fut très mal accueilli en Alsace, où les drapeaux tricolores furent mis en berne, et les monuments aux morts voilés de noir. Quelques jours plus tard, le 20 février, tous les accusés du procès de Bordeaux ont été amnistiés par une loi d'exception votée au nom de la réconciliation par l'Assemblée Nationale. Pour nous c'était terrible : cela signifiait qu'ils étaient tous innocents, voire qu'il ne s'était rien passé à Oradour. Tu imagines combien tout cela pouvait être éprouvant ? Nous avions perdu nos familles, nos êtres les plus chers et il nous semblait que notre deuil n'était pas reconnu.

*Comment expliques-tu cela ?*

C'est très simple. Il ne fallait pas faire de vague. Nous étions dans la période de la réconciliation franco-allemande et il n'était guère possible d'attiser d'anciennes querelles. En outre, les députés de l'assemblée nationale estimaient certainement que l'Alsace avait suffisamment souffert durant l'occupation. Tout cela nous dépassait et ne pouvait pas permettre aux vivants de pleurer leurs morts.

Une chape d'hypocrisie s'abattit sur notre région au nom de la réconciliation nationale. J'aurais préféré qu'il n'y eût pas de procès du tout, car tout le monde y a été perdant : l'Allemagne, la France, l'Alsace, le Limousin, les 642 victimes et enfin les rescapés. Ce procès a ajouté de la peine à la peine et le malheur continue.

Le village d'Oradour, qui avait reçu la légion d'honneur, l'a rendue à la chancellerie et a décidé de ne plus recevoir les autorités de l'État sur son territoire à l'occasion des cérémonies officielles. Il faut dire que le verdict de Bordeaux avait vivement choqué les élus alsaciens, qui n'avaient pas accepté que d'anciens Malgré-Nous fussent condamnés. L'heure de la réconciliation nationale avait sonné : c'en était désormais fini des horreurs de la guerre. Cela signifiait qu'il fallait oublier le drame d'Oradour : les 642 hommes, femmes et enfants assassinés le 10 juin 1944.

*Aujourd'hui, les sentiments sont-ils vraiment apaisés ?*

Oui, aujourd'hui la réconciliation est faite, et c'est une bonne chose. Il y a toujours des gens qui ne veulent pas en entendre parler. Je pense qu'ils ont tort. Je ne les juge pas. En 2004, j'ai été invité par Fabienne Keller, qui était maire de Strasbourg, à la cérémonie qui célébrait le soixantième anniversaire de la libération de la ville.

Les générations actuelles ne sont pas responsables de ce qui s'est passé alors, et nous souhaitons tous que cela ne se reproduise plus jamais. Une chose est certaine – et personne ne me fera changer d'avis – je pense que le procès de Bordeaux n'aurait jamais dû avoir lieu.

*Trente ans plus tard, c'est un nouveau procès en Allemagne de l'Est. L'ancien sous-lieutenant Heinz Barth, qui avait pris une part active au massacre, était sur le banc des accusés. Tu décides alors d'aller témoigner...*

En 1983, on m'a demandé, ainsi qu'à d'autres rescapés, de participer à un nouveau procès en Allemagne de l'Est. Ce pays était encore séparé en deux par le rideau de fer. Le régime communiste installé à l'Est avait voulu juger un bourreau dans l'objectif de créer un précédent et de faire un exemple.

Nous avons été entendus et nous avons même pu poser des questions à l'accusé qui nous a fourni bien peu de réponses. Il avoua cependant avoir vidé son chargeur sur les hommes de la grange Désourteaux. Concernant la raison du massacre il nous a simplement rétorqué qu'il avait obéi aux ordres. C'était bien cet homme qui avait harangué la troupe quelques heures avant le massacre pour leur dire qu'ils allaient voir couler du sang. Barth était aussi sous le coup d'une procédure en Pologne où il avait été condamné à la prison à vie. Il avait été confondu parce qu'il possédait chez lui des documents de l'époque.

Barth a été condamné à la prison à vie à l'issue du procès. Il a été cynique jusqu'au bout. Imagine-toi qu'il était étonné de se retrouver en face d'une poignée de survivants d'Oradour-sur-Glane. À une journaliste allemande, il a confié que cela signifiait qu'il avait le sentiment de ne pas avoir totalement accompli sa mission qui était d'éliminer tout le monde. Enfin, il a dit qu'il regrettait cette condamnation qui ne lui permettrait pas de voir grandir ses petits enfants. En 1997, il a été libéré. Ces procès ont permis de rappeler ce qui s'est passé le 10 juin, de posséder quelques témoignages supplémentaires. Pourtant, ils ont tous les deux eu lieu bien trop tard. On ne rend pas la justice si longtemps après.

*Aujourd'hui encore, inlassablement, tu continues à rencontrer des jeunes dans les ruines. Pourquoi ?*

Je suis bien peu de choses face à ce drame incommensurable. En revanche, j'estime que c'est mon devoir de faire passer le message et de rappeler que le drame qui s'est déroulé ici peut se reproduire partout, aujourd'hui, demain ou plus tard. C'est pour cela que je dois témoigner. Ce n'est jamais facile, mais c'est indispensable. Aujourd'hui encore, on entend des discours de haine qui ne veulent pas entendre parler de démocratie. Il ne faut pas accepter ces paroles : au contraire, il faut accepter les différences de tout le monde, personne n'est blanc, personne n'est noir. Il y a des moments terribles dans l'Histoire de l'humanité où des hommes décrètent que certains sont des sous-hommes, ils les distinguent, ils cherchent à les éliminer. Cette folie meurtrière peut nous habiter.

Aujourd'hui encore, il semble que les gens acceptent de plus en plus difficilement de vivre ensemble. Il ne faut pas admettre cela. Nous devons vivre ensemble, nous devons nous découvrir, nous parler, partager nos cultures, nos différences, nous enrichir de tout cela. Le nazisme s'est nourri des différences : Hitler a réussi durant plus de douze ans à semer la terreur en Europe et à éliminer des populations entières de gens qui ne méritaient point d'être ainsi exterminés. Il y a eu les Juifs, qui ont presque disparu de notre continent par la folie meurtrière des nazis. Il y a eu des villageois comme nous que ce régime a essayé de rayer de la carte. Il faut refuser les discours de haine. Ils amènent un jour ou l'autre à des horreurs comme celle dont je suis revenu et qu'il faut éviter. C'est pour cela que je répète toujours la même chose, c'est un devoir pour moi de faire comprendre à toutes les jeunes générations qu'il ne faut plus admette que cela se produise encore, qu'il ne faut plus jamais nourrir des conditions qui pourraient permettre à de nouvelles folies barbares d'éclore. À ce jeu, nous sommes tous perdants.

*Tu fais visiter Oradour à des jeunes lycéens allemand, c'est important pour toi ?*

Il est important de faire visiter ce village en ruines au plus grand nombre. Et tous les lycéens d'Europe peuvent y venir. Les jeunes Allemands doivent voir et savoir. À chaque fois ils me posent toujours la même question, ils sont un peu gênés, et ils veulent savoir si je leur en veux d'être allemands. Je les rassure très vite : je ne peux pas leur en vouloir, il n'ont rien fait, et ne sont coupables de rien. Ils doivent simplement savoir ce que des hommes ont fait durant la guerre qui opposait nos deux pays.

Il y a quelques années, ma petite fille Agathe est entrée en sixième. Sans m'en parler, elle a choisi d'apprendre l'allemand au collège. Elle ne m'a pas consulté, je l'ai tout de même encouragée. Mon premier voyage en Allemagne a eu lieu en 1983, lorsque j'ai témoigné au procès de Berlin-est. En 1985 l'ancien chancelier Willy Brandt m'a invité à une conférence de la paix à Nuremberg. Cela m'a ouvert les yeux. Depuis, je vais en Allemagne et j'y compte des amis fidèles. Il ne faut rien oublier, mais il faut penser à l'avenir et j'essaie de le construire aujourd'hui avec mes moyens, mes mots. Je sais qu'ils touchent et frappent les visiteurs. Ce n'est pas toujours facile, mais c'est tellement important. Pour conserver la mémoire de ce triste, si triste passé...

*Le 4 septembre 2013, François Hollande a*

*invité son homologue allemand Joachim Gauck à découvrir le village d'Oradour. Tu as fait visiter les ruines aux deux présidents : qu'as-tu ressenti à ce moment là ?*

Déjà, durant la préparation de cette visite, j'ai été invité à plusieurs réunions avec les responsables de l'Elysée et de l'ambassade d'Allemagne pour mettre au point le protocole de cette journée. J'ai été la personne retenue pour faire visiter le village aux deux présidents, j'ai été surpris lorsque l'on m'a fait la demande depuis les services concernés. Tout cela m'a mis une certaine pression.

Il n'est pas banal de se dire que l'on va accompagner deux présidents, celui de la France et de l'Allemagne – deux pays qui se faisaient la guerre il y a 70 ans et qui ont su tisser de solides liens d'amitié – dans les ruines d'Oradour. Pour moi, c'était très fort. Jamais je n'aurais imaginé que rien de tel pût se produire de mon vivant. C'était une journée mémorable, pour moi et pour la mémoire des victimes d'Oradour. À leur arrivée à l'entrée du village, j'ai été surpris par leur attitude à mon égard : ils ont été simples, m'ont écouté et respecté. Dans l'église, le protocole m'avait dit que lorsque les présidents se recueilleraient, je devrais me retirer pour que la télévision saisisse leur image. Lorsque j'ai fait un pas en arrière, les deux Chefs d'État m'ont retenu auprès d'eux et dans le mouvement j'ai fait un faux pas, c'est là que nous nous sommes tous tenus la main et que nous nous sommes pris par le cou.

J'ai ressenti la vive émotion des deux chefs d'État dans ces lieux mémoriels. À Oradour, l'église est le symbole de la barbarie et c'est dans ce lieu sacré qu'il fallait faire l'union. Joachim Gauck m'a écouté attentivement, j'ai compris que, pour lui, cette visite était une révélation : il connaissait les horreurs de la seconde guerre mondiale dans d'autres lieux, mais il a mesuré l'ampleur du massacre de ce village martyr. Durant le parcours, j'ai pensé à ma mère, à mes deux sœurs, à mes voisins. À chaque maison devant laquelle nous passions, je pouvais associer un visage, un nom. Ce fut l'une des visites les plus émouvantes que je fis jamais. Cette venue du président Gauck a eu un grand écho en Allemagne, et je m'en réjouis.

*Et c'est comme cela que toi, Robert Hébras, jeune homme d'Oradour, muni de ton certificat d'études et d'une formation de mécanicien, tu deviens un acteur de la réconciliation franco-allemande, de la construction européenne ?*

Cela me dépasse un peu, mais je l'assume. C'est difficile à dire mais je me demande si c'est ma place : j'aurais tellement préféré que Robert Hébras restât un anonyme dans un joli petit village comme celui d'Oradour-sur-Glane qui n'aurait jamais connu cette horreur.

# Épilogue

Merci Robert de m'avoir accordé ta confiance. Puisse ce texte être partagé par le plus grand nombre et continuer à faire germer des sentiments qui terrasseront la violence que tu as connue et que tu portes par ta seule voix. Aujourd'hui encore, le sang de la guerre coule sur la terre du monde entier. En 1918, nos arrières grands-parents l'avaient promis : la Grande Guerre, celle de 14-18 qui avait tué des millions d'hommes, ce serait la *der des ders*.

Combien de conflits depuis, qui ont ravagé et ravagent le monde un siècle après ? La deuxième guerre mondiale non plus n'aura pas été le dernier conflit de l'humanité, loin s'en faut. À la faveur de la guerre froide, d'autres combats se sont déroulés sur l'ensemble des continents.

Partout, la terreur menace. En Indochine, au Viêt-Nâm, en Corée, en Algérie, au Rwanda, en Irak, en Syrie, en Iran, au Liban, en Israël, en Palestine, dans l'ex-Yougoslavie, en Tchétchénie : la liste est tellement longue qu'une page n'y suffirait pas. Dans toutes ces guerres, les victimes sont surtout des civils, des vieillards, des femmes, des enfants, des innocents qui n'ont jamais pris les armes et qui ont grandi, sans cesse saisis par la peur des balles ou des bombardements.

Comment imaginer aujourd'hui encore que tous les témoignages d'horreur délivrés par les survivants de certains de ces massacres n'alertent jamais les belligérants ? Il faut le marteler sans cesse, répéter toujours que les guerres et les conflits larvés qui déshonorent l'humanité tout entière n'aboutissent à rien d'autre qu'à de nouvelles guerres, des haines inextinguibles et qui menacent toujours la paix. De nouvelles voix doivent s'élever, car elles ne sont jamais assez nombreuses, pour dire ce qu'est la guerre, ce que sont les massacres, pour dire l'odeur de la mort et du sang versé. La voix de Robert Hébras porte de tels messages ; d'autres hommes, d'autres femmes, d'autres enfants peuvent eux aussi les transmettre.

Ils ont réchappé aux bombardements, aux balles, aux coups de machettes. Leurs paroles sont à l'unisson : ils souhaitent que cela ne recommence plus jamais ; ils ne veulent pas que leurs petits-enfants puissent vivre dans la même peur. Ces voix doivent être entendues. La vie ne doit pas être sacrifiée à des politiques ou à des dogmes obscènes qui dénient à certains le droit d'exister et ne leur reconnaissent plus le droit d'être des humains. On ne peut tuer au nom d'une théorie raciste et il n'existe aucun Dieu pour accepter que l'on massacre en son nom. Pourquoi aurait-il créé une humanité aussi riche culturellement et philosophiquement que celle qui peuple la terre ? On dit qu'il faut savoir pour ne jamais recommencer ses erreurs. Désormais, nous savons.

# ORADOUR-SUR-GLANE LE 10 JUIN 1944

**Lieu de rassemblement**

1. Champ de foire

**Lieux de massacre**

2. Grange Laudy
3. Forge Beaulieu
4. Chai Denis
5. Garage Désourteaux
6. Grange Milord
7. Grange Bouchoule
8. Église

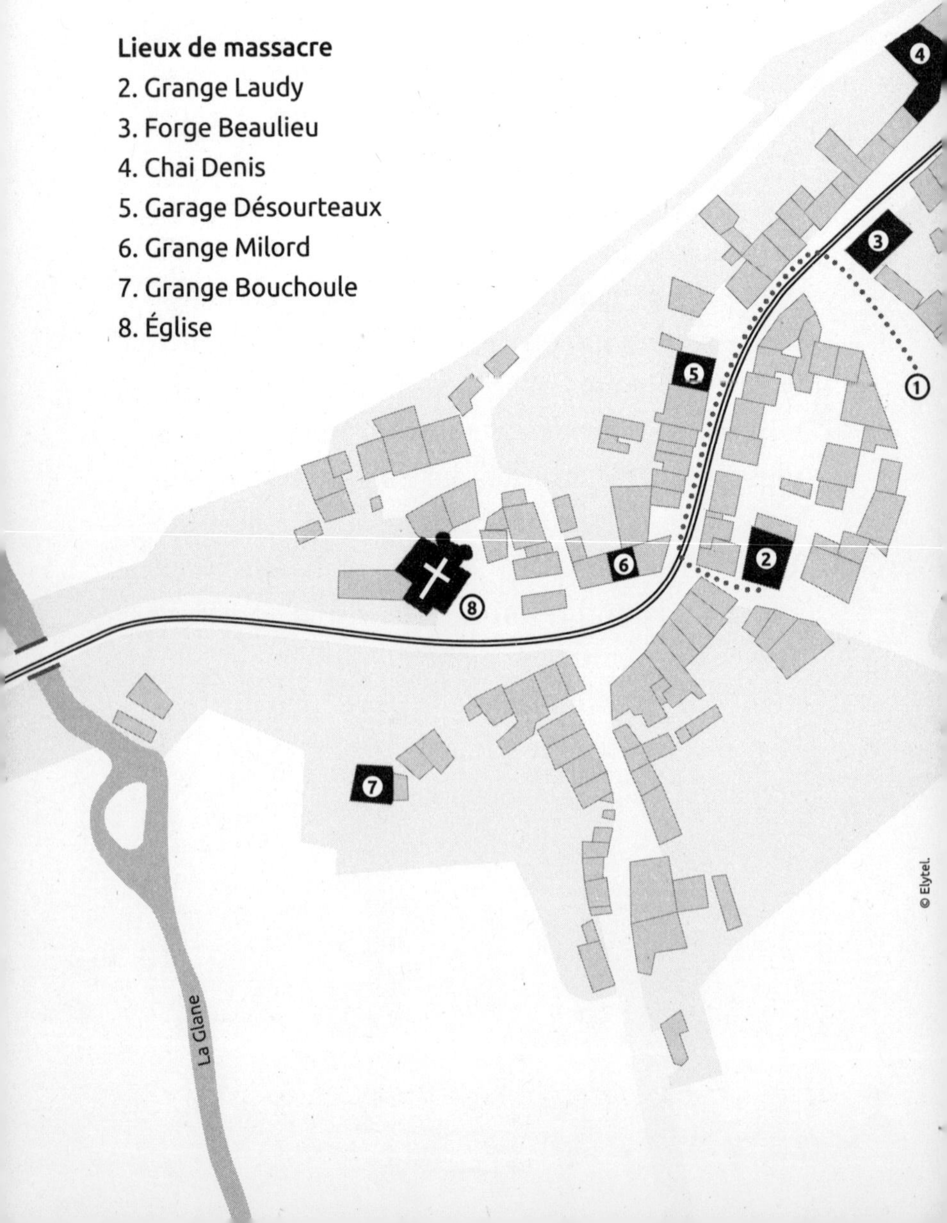

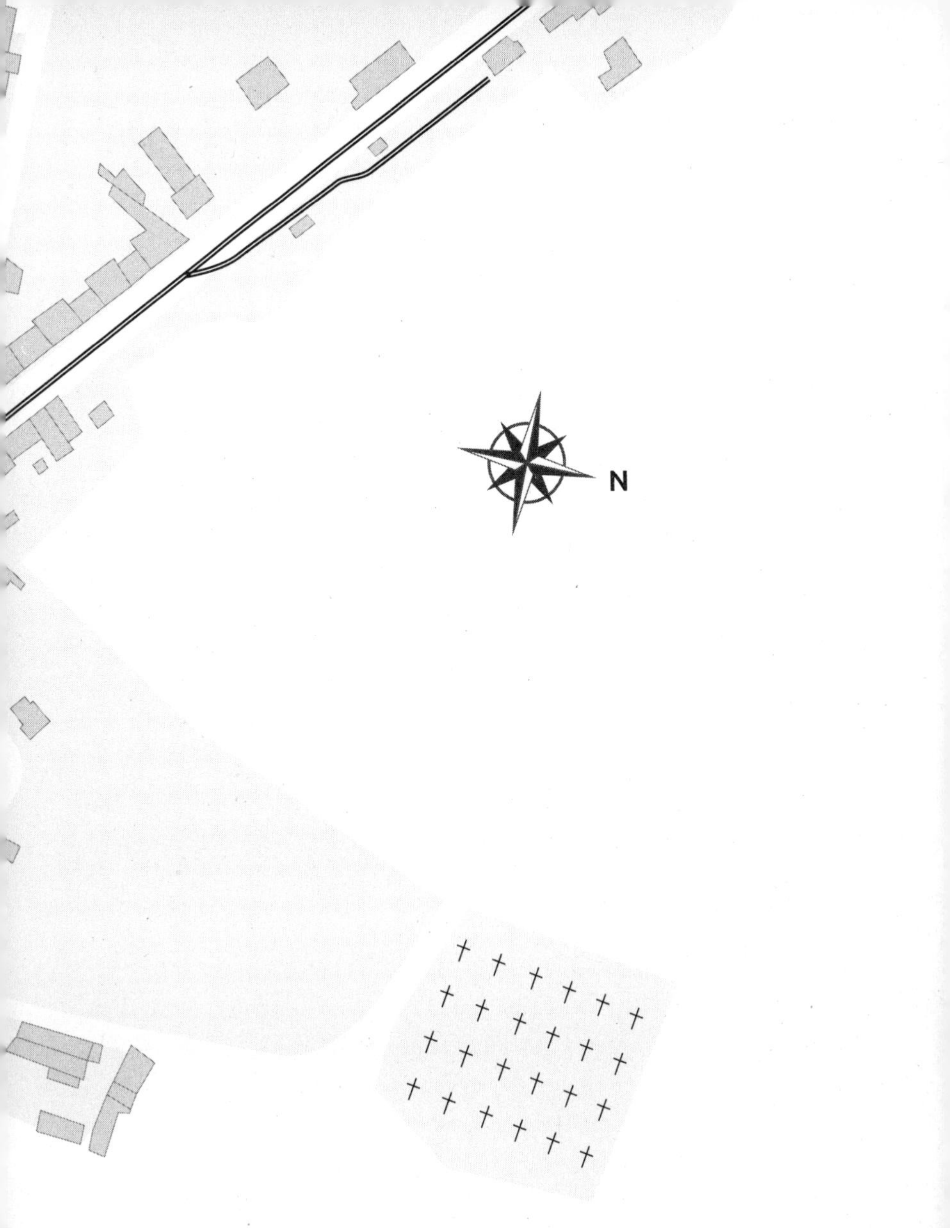


······· Itinéraire de Robert Hébras, du Champ de foire à la grange Laudy

══ Ligne du tramway reliant Limoges à Saint-Junien

*Si vous souhaitez correspondre avec l'auteur :*

Robert Hébras
c/o Elytel éditions
BP 80021
75560 Paris Cedex 12

Chez le même éditeur

Bruno Calvo, *Oradour-sur-Glane 10 juin 1944*
Romain Garnier, *Oradour-sur-Glane : autopsie d'un massacre*
Pierre Jaylet, *De Gaulle campagne algérienne*

*Pour vous tenir informé de nos publications :*

www.elyteleditions.com

Achevé d'imprimer sur rotative
par l'imprimerie Darantière à Dijon-Quetigny
en mars 2014

*Imprimé en France*

ISBN : 978-2-917182-09-3
N° d'édition 718209
Première édition : Dépôt légal, avril 2014

N° d'impression : 14-0254